AF649912

# Plus tard je serai moi

Alles Digitale zu diesem Buch kann auf der Lernplattform **allango** von Ernst Klett Sprachen abgerufen werden. So geht's:

| QR-Code scannen oder **www.allango.net** aufrufen | Buchtitel oder ISBN in der Suche eingeben und auf das Buchcover klicken | Zum Inhalt navigieren, direkt abrufen oder speichern |
|---|---|---|

Dieses Symbol bedeutet, dass zu einem Buch-Abschnitt ein digitaler Inhalt verfügbar ist.

Martin Page

# Plus tard je serai moi

Vocabulaire par
Laure Soccard

Ernst Klett Sprachen
Stuttgart

1. Auflage 10 | 2025

Alle Drucke dieser Auflage sind unverändert und können im Unterricht nebeneinander verwendet werden.


www.klett-sprachen.de

Autorin der Worterklärungen und der Aktivitäten: Laure Soccard

Redaktion: Anne-Sophie Guirlet-Klotz
Layoutkonzeption: Elmar Feuerbach
Gestaltung und Satz: Satzkasten, Stuttgart
Umschlaggestaltung: Andreas Drabarek
Titelbild: © Théo Gosselin
Druck und Bindung: Digitaldruck Tebben GmbH, Biessenhofen

Printed in Germany
ISBN 978-3-12-592143-6

## Table des matières

# Introduction

## 1. L'auteur

Martin Page est né en 1975. Il passe sa jeunesse en banlieue sud de Paris. Étudiant dilettante, il ne fait que des premières années : Il étudie le droit, la sociologie, la linguistique, la psychologie, la philosophie, l'histoire de l'art et l'anthropologie.

Son premier roman, *Comment je suis devenu stupide*, est publié en 2001 au Dilletante.

Il écrit également pour la jeunesse: *Conversation avec un gâteau au chocolat* (avec Aude Picault), *Je suis un tremblement de terre, La bataille contre mon lit* (avec Sandrine Bonini)....

Ses livres sont traduits dans une quinzaine de pays.

Il est lauréat d'une bourse de l'Akademie Schloss Solitude.

Régulièrement, il fait des petits films en stop-motion que l'on peut voir sur sa page vimeo.

En février 2011, il créé un blog sous le nom de Pit Agarmen (anagramme de Martin Page). Il y exprime angoisses et pensées personnelles. En 2012, il publie un premier roman sous cette identité : *La nuit a dévoré le monde*, aux éditions Robert Laffont (sélection Prix de Flore).

Retrouve-le sur : http://www.martin-page.fr/

## 2. Le roman

Les parents de Séléna ont décidé qu'elle deviendrait une artiste et ils font tout pour y arriver. Seulement Séléna, elle, ne sait pas ce qu'elle veut devenir plus tard. L'art l'intéresse, mais en faire un métier, non merci ! Avec l'aide de sa meilleure amie Vérane et de leur principal au collège, Séléna fait comprendre clairement à ses parents qu'ils font n'importe quoi !

## 3. Comment préparer ta lecture ?

- Lis les conseils pages 9 et 10 pour comprendre plus facilement le vocabulaire.
- Informe-toi pages 70 - 77 sur les points de grammaire que tu ne connais peut-être pas encore.
- Quand tu as lu un chapitre, note les informations importantes de l'histoire dans un carnet de lecture et fais les activités proposées aux pages 61 - 69.

## Pour comprendre le vocabulaire

Si tu as envie de lire un texte avec plaisir sans chercher tous les mots dans un dictionnaire, lis bien ces stratégies.

### 1. La famille du mot

Pour trouver le sens d'un mot, il faut trouver sa famille, c'est-à-dire sa racine (Wurzel).
Par exemple :

– « **rêveur** » (p. 14)
Tu connais « (faire) **un rêve** » (= Traum, träumen).
La terminaison -**eur** indique qu'il s'agit d'un adjectif, « rêveur » = **verträumt, träumerisch**.

– « **déraisonnable** » (p. 25)
Tu connais le substantif **la raison** (= Vernunft). La terminaison -**able** indique un adjectif (souvent traduit par -**bar**), le préfixe dé- indique l'action contraire. « **déraisonnable** » = unvernünftig.

– « **grandir** » (p. 37)
Tu connais l'adjectif **grand**. La terminaison -**ir** indique un verbe du 2e groupe. « grandir » = devenir grand.

### 2. Mots identiques en allemand, en anglais

Tu peux parfois deviner le sens de mots français à partir de mots allemands ou anglais que tu connais :

| | |
|---|---|
| personnel (p. 39) | persönlich, → Person |
| vaguement (p. 37) | vag |
| une guitare (p. 37) | Gitarre |
| adulte (p. 52) | adult |

## 3. Le contexte

Enfin, lis bien les mots placés avant et après le mot/le passage inconnu. Cherche le thème de la phrase ou du paragraphe et note ce que tu as compris. Cela t'aidera à identifier le mot, le passage.

## chapitre 1

Séléna changeait de coupe de cheveux chaque semaine. Elle cherchait celle qui lui irait, qui la caractériserait, qui dirait quelque chose de sa personnalité. Autour d'elle, la plupart des gens n'avaient pas encore trouvé. Ils tâtonnaient un temps et, en général, ils finissaient par abandonner : ils gardaient leur coiffure banale, la même que tout le monde. Néanmoins certains trouvaient le style qui leur correspondait, mais, et c'était le drame de l'existence humaine, leur visage et leur corpulence évoluaient, et cette coupe qui leur allait à merveille quand ils avaient vingt ans devenait grotesque à cinquante.

Ce jeudi matin, ses parents partis travailler, Séléna pouvait poursuivre ses recherches capillaires en toute tranquillité. Elle tenta un chignon, des tresses, elle utilisa quantité de barrettes et d'élastiques. Pour rien au monde elle n'aurait avoué le temps qu'elle passait à s'occuper de son apparence, elle n'avait rien d'une fille futile. Elle ne voulait pas se faire remarquer, ni être la plus belle, mais exprimer ce qu'elle était intérieurement. Séléna avait l'impression d'être un jardin qu'il fallait cultiver chaque jour : non seulement elle devait se brosser les dents, se laver, s'habiller, mais tout en elle était à construire. Elle ne voulait oublier aucun détail (chaussures, collants, robe, jupe, pantalon, veste, manteau). Après tout, elle n'avait pas choisi la couleur de ses yeux et celle de ses cheveux, ni sa taille (un peu trop grande) et son front bombé. Le reste dépendait d'elle et il ne fallait pas tout rater.

Parfois, elle cédait à la tentation de s'habiller comme les autres. C'était un grand confort, car ainsi elle ne se faisait pas remarquer.

2 **une coupe** Haarschnitt | 5 **tâtonner** chercher | 6 **garder** ≠ changer | 7 **néanmoins** pourtant | 9 **évoluer** changer | 10 **aller à merveille** aller parfaitement | 13 **poursuivre** continuer | 13 **capillaire** relatif au cheveu | 14 **tenter** essayer | 14 **un chignon** Haarknoten | 14 **les tresses** *fpl* Zöpfe | 14 **une barrette** Haarspange | 15 **un élastique** Haargummi | 15 **avouer** dire | 17 **futile** ≠ sérieux | 18 **intérieurement** innen | 19 **cultiver son jardin** travailler la terre pour faire pousser des légumes | 20 **se brosser les dents** sich die Zähne putzen | 22 **un collant** Strumpfhose | 24 **la taille** Größe | 24 **le front** Stirn | 25 **rater** ≠ réussir | 26 **parfois** manchmal | 26 **céder à la tentation** der Versuchung nachgeben

D'autres fois, au contraire, elle imitait ceux qui méprisaient la mode. Mais la question demeurait : qui était-elle ? Quel style disait quelque chose de sa nature profonde d'adolescente de ce début de XXI^e siècle ?

Fatiguée par les acrobaties capillaires, elle opta pour deux barrettes en imitation écaille de tortue. C'était simple et élégant. Elle se mit en route pour le collège.

1 **mépriser qc** ignorer, se moquer de qc | 2 **demeurer** rester | 3 **profond** tief | 5 **opter** choisir | 6 **une écaille de tortue** Schildkröteschuppe | 7 **se mettre en route** partir

## chapitre 2

– Il y a une alliance objective entre le froid et l'école, dit Vérane.

Vérane, meilleure (et unique) amie de Séléna, excellait dans les remarques acerbes sur les profs et la scolarité en général. Elles traînaient dans la cour en attendant le début des cours. Il n'y avait pas assez de place pour tout le monde dans le hall, alors on avait invité les élèves à sortir. De la fumée sortait de la bouche des deux filles, leurs vêtements n'étaient pas assez chauds, elles tremblaient de froid. Séléna mit son écharpe sur les épaules de Vérane et poussa son fauteuil roulant. Celle-ci aurait pu rester dans le hall, car monsieur Blimp, le principal, considérait qu'elle avait droit à un traitement spécial. Mais Vérane avait refusé. Elle avait répliqué que le traitement spécial qu'elle désirait, ce serait que l'on abolisse les sciences naturelles et les betteraves. Monsieur Blimp avait rigolé et dit non. Bizarrement c'était un chouette principal. Âgé d'une quarantaine d'années, discret, il avait toujours la tête dans les nuages. Il regardait ses interlocuteurs avec sérieux, mais on sentait qu'il pensait à autre chose. Une rumeur disait qu'il jouait de la guitare électrique dans son bureau, un casque branché sur un ampli pour que personne ne l'entende. Vérane avait confirmé à Séléna, qu'un jour, elle avait vu une guitare posée contre l'armoire en fer qui contient les dossiers des élèves. Mais peut-être était-ce le vestige d'une époque passée, juste un souvenir.

– Oui, cette journée ressemble à un complot, dit Séléna. Rien n'est fait pour nous faciliter la vie.

---

3 **unique** seul | 3 **exceller dans qc** être très bon, excellent dans qc | 4 **acerbe** méchant, agressif | 4 **la scolarité** la période où l'on va à l'école | 5 **traîner** marcher | 7 **la bouche** Mund | 8 **trembler** zittern | 9 **une écharpe** Schal | 9 **une épaule** Schulter | 10 **pousser** schieben | 10 **un fauteuil roulant** Rollstuhl | 11 **un principal** le chef du collège | 11 **considérer** penser | 11 **avoir droit à un traitement spécial** Sonderbehandlung bekommen | 12 **répliquer** répondre | 13 **abolir** *ici :* streichen | 14 **une betterave** rote Beete | 15 **chouette** sympa | 16 **avoir la tête dans les nuages** penser à autre chose, rêver | 17 **un interlocuteur** une personne avec qui on parle | 18 **une rumeur** Gerücht | 19 **branché** *ici :* angeschlossen | 20 **un ampli** Verstärker | 21 **une armoire en fer** Schrank aus Eisen | 22 **contenir** avoir à l'intérieur | 22 **un dossier** un ensemble de documents | 23 **un vestige** un reste, une trace du passé | 24 **ressembler** être comme | 25 **faciliter** → facile

Pour se réchauffer, Séléna poussa plus fort le fauteuil de Vérane. Les roues crissaient sur le bitume. Avec la vitesse, le vent se fit plus mordant. Les deux amies trouvèrent refuge près des fenêtres des cuisines : une bouche de ventilation expulsait l'air de la chaufferie et des fours. Elles se réchauffèrent dans des odeurs de pot au feu (le menu du midi). C'était efficace, mais écœurant. La sonnerie d'entrée en cours retentit.

Il y eu un cours d'histoire et un cours d'anglais, et la matinée passa. Séléna et Vérane déjeunèrent ensemble à un bout d'une table de la cantine, comme si elles étaient seules au monde. Elles touchèrent à peine au pot de feu, se contentant de séparer la viande des légumes dans leur assiette comme si elles pratiquaient une opération chirurgicale. Le dessert les inspira davantage : tarte aux poires et à la crème d'amandes. Après le déjeuner, elles se rendirent sur le terrain de sport.

Elles étaient dans la même classe depuis deux ans, et elles se soutenaient en toutes occasions. La vie au collège n'était pas de tout repos. Il y avait les cours, tout ce qu'il fallait apprendre, et puis il y avait la vie entre les cours et tout ce qu'il fallait apprendre sur les relations humaines. Des groupes se formaient, des amitiés et des inimitiés se déclaraient. Jalousie, arrogance, méchanceté régnaient. Séléna et Vérane assistaient à ces jeux sociaux sans y participer ; elles restaient prudemment à l'écart. Elles cherchaient d'autres élèves bizarres pour les intégrer à leur camp, mais pour l'instant elles n'avaient trouvé personne (leurs alliés devaient avoir au moins un des atouts suivants : mal à l'aise, solitaire, rêveur,

---

2 **crisser** faire du bruit | 2 **le bitume** l'asphalte *f* | 3 **mordant** ≠ doux | 3 **trouver refuge** Zuflucht finden | 4 **une bouche de ventilation** Lüftungsöffnung | 4 **expulser** faire sortir | 4 **une chaufferie** Heizungsraum | 5 **un four** Backofen | 5 **une odeur** Geruch | 5 **un pot au feu** Eintopf | 6 **être efficace** bien fonctionner | 6 **écœurant** Ekel erregend | 7 **retentir** se faire entendre | 9 **déjeuner** manger à midi | 9 **un bout** un côté | 11 **toucher** *ici :* manger | 11 **à peine** kaum | 11 **se contenter de faire qc** *ici :* ne faire que qc (sich darauf beschränken etw zu tun) | 11 **séparer** ≠ mettre ensemble | 11 **la viande** Fleisch | 13 **inspirer** *ici :* donner envie | 13 **davantage** plus | 14 **une poire** Birne | 14 **une amande** Mandel | 14 **se rendre** aller | 16 **se soutenir** s'aider | 17 **de tout repos** tranquille | 22 **régner** herrschen | 22 **assister à qc** être présent à qc | 23 **participer** teilnehmen | 23 **prudemment** vorsichtig | 23 **à l'écart** loin | 24 **un camp** Seite | 25 **un allié** Verbündeter | 26 **un atout** *ici :* une qualité | 26 **mal à l'aise** qui ne se sent pas bien | 26 **solitaire** seul

étrange). Elles faisaient partie du club cerf-volant du collège, club qui ne comprenait qu'elles-mêmes et dont le principal, monsieur Blimp, était le créateur et le président. Ils se retrouvaient sur le terrain de football tous les jeudis midi sans échanger un mot. Les acrobaties de leurs cerf-volants dans le ciel constituaient leur langage.

Quand ils occupaient le terrain, personne ne pouvait y avoir d'autre activité, aussi tous les fans de foot détestaient Séléna et Vérane, ce qui n'était pas pour leur déplaire. La plupart des sports leur paraissait avant tout comme des opportunités, sous couvert de compétition, de pratiquer le sadomasochisme, la torture, l'humiliation.

Séléna poussa le fauteuil de Vérane en courant, et celle-ci lâcha le cerf-volant en forme de hibou qu'elles avaient commandé en Chine. C'était son premier vol. Les ailes de papier ondulèrent et se tordirent un peu, Vérane déroula le fil, et le cerf-volant prit son envol. C'était beau et troublant de voir cet oiseau de nuit planer dans le ciel en plein jour. Monsieur Blimp fabriquait lui-même ses cerfs-volants. Il courut une vingtaine de mètres et lança une tête de pirate en papier. L'air s'engouffra dans la forme, le nez se gonfla puis le chapeau noir. Il s'éleva dans le ciel. Les deux cerfs-volants volaient côte à côte. On avait l'impression d'une conversation. Séléna pensa qu'elle pourrait passer des heures à contempler un tel spectacle.

La journée, si semblable à tant d'autres, se termina. Séléna et Vérane se firent la bise près du marché de Noël à la sortie du collège, et chacune rentra chez elle.

---

1 **étrange** bizarre | 1 **faire partie de qc** etw gehören | 1 **un cerf-volant** Drachen | 2 **comprendre** *ici :* avoir | 3 **un créateur** Schöpfer | 4 **échanger un mot** parler | 5 **constituer** être | 9 **la plupart** *ici :* une grande partie (die meisten) | 10 **paraître** être comme | 10 **une opportunité** une occasion (Gelegenheit) | 10 **sous couvert de qc** unter dem Deckmantel einer Sache | 11 **la torture** Folter | 12 **l'humiliation** *f* Demütigung | 13 **lâcher** laisser tomber | 14 **un hibou** Eule | 14 **commander** bestellen | 15 **une aile** Flügel | 15 **onduler** sich wellen | 16 **se tordre** se tourner | 16 **dérouler** abwickeln | 16 **prendre son envol** abfliegen | 17 **planer** schweben | 20 **s'engouffrer** rentrer dans qc | 20 **se gonfler** *ici :* être plein d'air | 22 **côte à côte** à côté l'un de l'autre | 23 **contempler** regarder avec attention | 25 **semblable** ≠ différent | 25 **se terminer** se finir

## chapitre 3

Séléna ne vivait pas dans une maison, ni un appartement, mais dans un magasin. Ses parents avaient acheté une ancienne boucherie-charcuterie et l'avaient transformée en lieu d'habitation. C'était grand : Séléna avait sa chambre à l'étage (une « chambre froide » qui bien sûr ne fonctionnait plus) ; ses parents dormaient dans l'ancien local où le boucher entreposait les carcasses et les os ; la salle de bains avait été construite dans la pièce où l'on lavait la viande ; la cuisine/salle à manger occupait l'ancienne entrée de la boutique ; le salon prenait la place de l'arrière-boutique. La vitrine et la grille étaient baissée. Pour ne pas que les passants voient à l'intérieur, les parents de Séléna avaient collé des affiches récupérées chez un fleuriste. C'était un endroit bizarre où habiter. Ça n'aurait pas entièrement déplu à Séléna s'il n'y avait pas eu cette odeur de viande fétide qui, même si plus de dix ans étaient passés, imprégnait toujours les murs. Quand Séléna se réveillait, la première chose qui venait à sa conscience était un parfum de vieux steak ou de rôti de porc (ça dépendait des jours, parfois ça sentait le saucisson, d'autres fois la côte d'agneau). L'horreur. Autant dire qu'elle n'était pas une grande carnivore. Son père pulvérisait des huiles essentielles tous les jours dans toutes les pièces (ce qui ne changeait strictement rien). Ses parents s'étaient habitués, mais Séléna rêvait de déménager. D'autant plus qu'ils avaient laissé l'inscription « Boucherie Charcuterie Semmelweis », car ils trouvaient ça *si chic*. Séléna faisait des tours et des détours avant de rentrer chez elle : elle ne voulait pas qu'on sache qu'elle habitait dans une ancienne boucherie. Elle s'en voulait de réagir ainsi, elle

3 **ancien** vieux ≠ nouveau | 3 **une boucherie-charcuterie** Metzgerei | 7 **entreposer** mettre | 7 **une carcasse** Gerippe | 7 **un os** Knochen | 11 **une grille** Gitter | 11 **être baissé** être en bas | 13 **récupérer** avoir trouvé | 15 **fétide** widerlich | 18 **un rôti** Braten | 18 **un porc** Schwein | 18 **dépendre de qc** von etw abhängen | 19 **un saucisson** Hartwurst | 19 **une côte d'agneau** Lammkotelett | 20 **un carnivore** qn qui mange de la viande | 20 **pulvériser** sprühen | 21 **une huile essentielle** ätherisches Öl | 23 **d'autant plus que** + *indic* zumal | 24 **une inscription** *ici :* Inschrift | 25 **un détour** Umweg | 27 **s'en vouloir de qc** sich Vorwürfe wegen etw machen | 27 **ainsi** comme ça

aurait aimé ne pas être honteuse de cette étrangeté, mais c'était ainsi : elle ne voulait pas qu'on la remarque.

Ses parents étaient gentils et ils s'aimaient comme au premier jour. Elle était plutôt fière d'eux, même s'ils avaient des côtés horripilants. Avec Vérane, elle avait inventé un jeu appelé « Comparons nos parents ». Vérane lui avait parlé de sa mère qui faisait du taï-chi dans le jardin municipal, ne mangeait pas de viande, et de son père qui collectionnait les figurines de superhéros. Séléna, quant à elle, pour donner un exemple de la bizarrerie de sa famille, avait raconté ses dernières vacances : ses parents avaient pensé que ce serait une bonne idée de partir dans une ferme en Suisse pour jouer les agriculteurs amateurs, et ainsi « se ressourcer ». Séléna avait passé trois semaines à laver les cochons, semer le blé, ramasser le foin. Elle avait lutté contre la chaleur, les tiques, les crises d'urticaire et l'insomnie (et le coq qui se réveille à cinq heures du matin). Ses parents, eux, avaient été ravis de jouer aux paysans.

Mis à part cet épisode, c'était des gens bien. Sa mère donnait des cours de russe dans une école de commerce et son père dessinait des processeurs d'ordinateurs pour une grande entreprise informatique.

---

1 **être honteux de qc** sich einer Sache schämen | 1 **une étrangeté** une chose bizarre | 4 **plutôt** eher | 4 **être fier de qn/qc** auf jdn/etw stolz sein | 4 **horripilant** *fam* très énervant | 7 **municipal** de la ville | 12 **se ressourcer** retrouver l'énergie | 13 **semer le blé** Weizen säen | 13 **le foin** Heu | 14 **lutter** kämpfen | 14 **la chaleur** quand il fait chaud | 14 **un tique** Zecke | 14 **l'urticaire** *f* Hautausschlag | 15 **l'insomnie** *f* quand on n'arrive pas à dormir | 16 **ravi** content | 16 **un paysan** Bauer | 17 **mis à part** abgesehen | 19 **une entreprise** une firme

## chapitre 4

Séléna entra dans le salon et posa son sac. La lumière était éteinte, les volets fermés. Pourtant, les manteaux de ses parents étaient bien accrochés dans l'entrée. C'était bizarre. Elle retint son souffle.

– Chérie, dit une voix.

Séléna sursauta. Ça venait du canapé. Elle recula prudemment. Il y avait deux formes dans l'ombre. Elle appuya sur l'interrupteur : c'était ses parents.

– Qu'est-ce que vous faites ?

– Ton père et moi t'attendions.

– Dans le noir ?

Quelque chose n'allait pas. Séléna le sentait. Ses parents avaient l'air normaux pourtant. Habillés avec leur habituel et pourtant charmant manque de goût (son père en costume marron et cravate verte, sa mère en tailleur orange et chemisier jaune), leur visage ouvert et rassurant, leurs yeux pleins d'amour pour leur fille. Séléna s'assit dans le fauteuil en face du canapé. Elle prit un cookie (à la muscade : recette paternelle) sur la table basse et mordit dedans. Il y eu un moment de flottement. Manifestement ses parents voulaient lui parler de quelque chose d'important. C'est son père qui se lança et il n'alla pas par quatre chemins.

– Nous te soutiendrons si tu décidais de devenir une artiste, déclara-t-il avec solennité.

OK, pensa Séléna. C'est gentil. Elle ne savait pas ce qu'elle voulait faire de sa vie, n'avait aucune idée du métier qu'elle exercerait, ça ne pressait pas. Mais elle appréciait leur ouverture d'esprit.

– Merci, c'est cool.

---

3 **un volet** Fensterladen | 4 **accroché** aufgehängt | 4 **retenir son souffle** s'arrêter de respirer | 6 **sursauter** réagir par un geste de surprise ou de peur | 6 **prudemment** vorsichtig | 7 **un interrupteur** *ici :* Schalter | 13 **habituel** normal, de tous les jours | 15 **un tailleur** un costume pour femme (veste et jupe) | 15 **un chemisier** Bluse | 16 **rassurant** qui calme, qui donne un sentiment de sécurité | 17 **un fauteuil** Sessel | 18 **paternel** du père | 19 **mordre** beißen | 19 **un moment de flottement** un temps d'arrêt où personne ne parle | 19 **manifestement** ganz offensichtlich | 21 **se lancer** commencer | 21 **ne pas y aller par quatre chemins** dire qc directement | 23 **déclarer** dire | 23 **avec solennité** mit feierlichem Ton | 25 **exercer** faire | 26 **presser** eilen | 26 **apprécier** aimer | 26 **l'ouverture d'esprit** *f* Aufgeschlossenheit

Ils continuaient à la regarder. Elle sentait qu'ils avaient encore quelque chose à dire.

– Tu ferais une très bonne artiste, dit sa mère. Tu es sensible, intelligente, douée.

Qu'est-ce qu'ils en savaient ? Mais bon, pensa Séléna, la confiance des parents en leurs enfants est une belle chose, c'est chouette de savoir que je peux compter sur eux.

– Ce n'est pas parce que tu es une bonne élève que tu es obligée de suivre les voies classiques et d'envisager de devenir médecin, avocat, professeur ou pilote d'avion, insista sa mère. Tu es libre. De devenir artiste.

C'est original ça, se dit Séléna, pour une fois que des parents ne veulent pas qu'un de leurs enfants devienne docteur ou avocat. Mais ils sont tout de même très insistants.

– Il serait dommage que tu envisages de faire autre chose, dit son père.

Séléna fut prise d'un doute : est-ce qu'ils lui donnaient un avertissement ? Il y avait comme une tension dans leur voix.

– Oui, ça serait gâcher ta vie, dit sa mère.

– OK, dit Séléna laconiquement.

Elle regarda attentivement ses parents et elle secoua la tête d'un air navré. Elle monta dans sa chambre.

Ses parents aimaient l'art. C'était une passion récente. Ça datait d'il y a quelques mois, juste après leur quarante-cinquième anniversaire. Une époque bizarre : suite à une phase dépressive, ils avaient passé quantité d'examens médicaux, sans que rien d'inquiétant ne soit décelé. Depuis ils l'avaient emmenée dans tous les musées (le musée des Beaux-Arts, de la sculpture, de la danse, de la photographie, du cinéma, au conservatoire des manuscrits),

---

4 **doué** begabt | 5 **la confiance** Vertrauen | 8 **être obligé de faire qc** devoir faire qc | 9 **une voie** un chemin | 9 **envisager** *ici :* penser | 10 **un avocat** Anwalt | 10 **insister** mettre l'accent sur qc | 17 **être pris d'un doute** ne pas être sûr | 18 **un avertissement** Warnung | 18 **une tension** Anspannung | 19 **gâcher** ruiner | 20 **laconiquement** knapp | 21 **attentivement** avec attention | 21 **secouer la tête** bouger la tête de gauche à droite | 22 **navré** betrübt | 23 **une passion** leidenschaft | 23 **récent** nouveau | 26 **quantité de** beaucoup de | 26 **un examen** Untersuchung | 26 **médical** → un médecin | 26 **inquiétant** grave | 26 **déceler** trouver

ils avaient accroché des reproductions de tableaux célèbres sur tous les murs de toutes les pièces (il y avait six Van Gogh dans les toilettes par exemple, un Picasso plastifié dans le frigo, une page manuscrite de Dostoïevski sur les serviettes de toilette, le visage de grands compositeurs sur les assiettes) et s'étaient mis à écouter de l'opéra au petit déjeuner. Séléna avait aimé que ses parents sortent de leurs habitudes et se cultivent. Certes son père dessinait de par son métier, mais sans imagination, son talent était uniquement technique. Et sa mère aimait la langue russe, elle la parlait à la perfection, mais elle ne connaissait pas vraiment la culture de ce pays. Séléna avait admiré leur capacité à découvrir de nouvelles choses et à changer. Auparavant, ils se contentaient de regarder ce qui passait à la télé, d'écouter la musique diffusée à la radio et de jouer au poker avec des amis. Ils s'étaient renouvelés. Leur désir de la voir devenir artiste avait une certaine logique. L'art était une découverte récente et fascinante.

Séléna mit un disque de Kimya Dawson sur sa platine vinyle et elle envoya un texto à Vérane pour lui raconter la lubie de ses parents. Celle-ci ne répondit pas. Séléna se demanda ce qu'elle faisait. Elle aurait aimé être connecté à elle 24h sur 24. Dans ce monde incertain et anxiogène, leur amitié constituait une des seules choses stables.

---

**1 célèbre** connu | 2 **Van Gogh** *(1853-1890) un célèbre peintre hollandais* | 3 **Picasso** *(1881-1973) un célèbre peintre espagnol* | 3 **plastifié** → le plastique | 3 **un frigo** Abk Kühlschrank | 4 **manuscrit** écrit à la main | 4 **Dostoïevski** *(1821-1881) un célèbre auteur russe* | 4 **une serviette de toilette** Badetuch | 5 **un compositeur** Komponist | 5 **se mettre à faire qc** commencer à faire qc | 7 **une habitude** ce qu'on fait tous les jours, normalement | 7 **se cultiver** sich bilden | 7 **certes** zwar | 11 **admirer** bewundern | 12 **auparavant** avant | 13 **passer** *ici :* être | 13 **diffusé** *ici :* qui passe | 14 **se renouveler** changer | 14 **le désir** l'envie *f* | 16 **fascinant** très intéressant | 17 **Kimya Dawson** *(*1972) une chanteuse américaine* | 17 **une platine vinyle** [vinil] Plattenspieler | 18 **une lubie** une idée bizarre, folle | 21 **incertain** ≠ sûr | 21 **anxiogène** qui fait peur

## chapitre 5

Le lendemain, les deux amies se retrouvèrent dans la cour du collège, avant l'entrée en classe. Séléna avait acheté des gâteaux au marché de Noël dressé à côté de l'école. Elle tendit le sac plein de gâteaux secs et chauds à Vérane. C'était une journée chargée en interros. Elles étaient stressées, et énervées par le fait d'être stressées. Vérane dit qu'il y avait déjà des tas de bonnes raisons d'être stressé : la mort, la maladie, la crise. Que l'Éducation Nationale invente un stress supplémentaire à l'existence était déloyal et insupportable. Séléna approuva. Si Vérane était toujours la plus véhémente, les deux amies partageaient une même vision du monde, entre pessimisme et enthousiasme. Séléna raconta sa soirée et le comportement bizarre de ses parents.

La première réaction de Vérane énerva Séléna :

– C'est vrai, je te vois bien artiste.

– Ce que tu dis n'as pas de sens. Je n'écris pas, je ne peins pas.

– Il y a quelque chose d'artistique en toi.

Vérane, les yeux brillants, mima de grands coups de pinceaux et des airs de violons.

– C'est n'importe quoi, dit Séléna.

Vérane comprit qu'elle irritait son amie, alors elle posa ses deux mains sur les accoudoirs de son fauteuil et, pleine d'entrain, dit :

– Profites-en pour ne plus travailler à l'école. Tu as de la chance. S'ils veulent que tu sois artiste, alors c'est la permission pour faire n'importe quoi. Tu peux sécher, te mettre à fumer, boire. Tu as carte blanche ! Je t'envie.

---

4 **dressé** *ici :* installé | 4 **tendre** donner | 5 **sec** trocken | 5 **chargé en qc** avec beaucoup de qc | 7 **un tas de** *fam* un grand nombre de choses | 8 **l'Éducation Nationale** das Schul- und Hochschulwesen | 9 **supplémentaire** en plus | 10 **déloyal** unfair | 10 **insupportable** unerträglich | 10 **approuver** être d'accord avec qn | 11 **véhément** impulsif | 11 **partager** *ici :* avoir | 12 **l'enthousiasme** *m* Begeisterung | 13 **un comportement** Verhalten | 16 **le sens** Sinn | 18 **brillant** glänzend | 18 **mimer** nachahmen | 18 **un coup de pinceau** Pinselstrich | 19 **un air** une mélodie | 19 **un violon** Geige | 21 **irriter** énerver | 22 **un accoudoir** la partie du fauteuil où l'on peut appuyer son bras | 22 **plein d'entrain** avec enthousiasme | 23 **profiter de qc pour faire qc** etw ausnutzen, um etw zu tun | 24 **une permission** Erlaubnis | 25 **sécher** *fam* ne pas aller en cours | 25 **avoir carte blanche** pouvoir faire ce qu'on veut | 26 **envier** désirer ce que qn d'autre a → l'envie *f* |

Les parents de Vérane incarnaient la rigueur même. Leur fille devait rentrer immédiatement après les cours, son agenda était chronométré. Rien n'était laissé au hasard dans sa vie : elle suivait des cours de flûte traversière et de self-defense, elle aidait son père dans une association caritative le mardi et le jeudi soir (elle en profitait pour piquer des barres de chocolat, et des boîtes de thon pour Alligator, son chat tigré roux et blanc).

– Oui, bien sûr, dit Séléna. Mais je ne suis pas certaine de vouloir faire tout ça. Et être artiste ? Je n'y ai jamais pensé. Ce que je sais c'est que je ne veux pas leur obéir. Suivre les plans qu'ils ont prévu pour moi.

Elles étaient perplexes. La situation était pour le moins particulière.

– Merde, tu as raison, dit Vérane. (Elle réfléchit un instant) Si tu veux vraiment montrer ton indépendance d'esprit, il faudrait que tu deviennes la meilleure élève du collège. Quelle tragédie.

– Je ne veux pas avoir pour ambition de contredire mes parents.

– Si au moins tu savais ce que tu voulais faire comme métier, tu aurais quelque chose à leur opposer.

C'est juste, pensa Séléna, car alors ses parents ne pourraient plus jouer aux conseillers d'orientation.

Vérane voulait devenir astrophysicienne. Elle le savait depuis ses six ans, elle mettait donc toute sa passion et son énergie dans la réalisation de son projet. Séléna savait qu'elle réussirait. Elle l'enviait d'avoir trouvé sa voie si tôt, avec une telle évidence. Mais elle ne s'inquiétait pas : elle aussi, un jour ou l'autre, découvrirait sa passion. Qu'on lui laisse le temps.

---

1 **incarner** verkörpern | 1 **la rigueur** Strenge | 2 **immédiatement** tout de suite | 3 **chronométré** mit der Stoppuhr gemessen | 3 **ne rien laisser au hasard** nichts dem Zufall überlassen | 4 **une flûte traversière** Querflöte | 5 **une association caritative** Wohlfahrtsverband | 6 **piquer** *fam* voler | 6 **une barre** Riegel | 6 **une boite** Dose | 7 **roux** rothaarig | 10 **obéir à qn** jdm gehorchen | 10 **prévoir** planifier (→ un plan) | 12 **perplexe** ratlos | 13 **particulier** besonders | 15 **l'indépendance** *f* Unabhängigkeit | 15 **l'esprit** *m* Geist | 17 **contredire qn** dire le contraire de qn | 19 **opposer** *ici :* proposer | 20 **juste** vrai | 21 **un conseiller d'orientation** une personne qui donne des conseils aux élèves sur leur situation scolaire et leur avenir | 25 **avec une telle évidence** ganz offensichtlich | 26 **s'inquiéter** avoir peur

Les deux amies parlèrent d'autres sujets, moins graves (la désespérante mauvaise qualité des repas à la cantine, les cerf-volants, l'ouverture d'un nouveau disquaire spécialisé dans les vinyles), puis elles affrontèrent la série d'interros de la journée en protestant par des soupirs et des roulements d'yeux.

Le soir, les parents de Séléna ne réabordèrent pas le sujet de son avenir professionnel. Mais quand elle monta se coucher, ils lui firent un sourire et un clin d'œil. Séléna comprit qu'ils n'avaient pas abandonné leur idée. Elle se mit au lit, épuisée par tous les problèmes mathématiques qu'elle avait dû résoudre et les dissertations qu'elle avait dû écrire. Pour se protéger de l'odeur de viande qui flottait dans sa chambre (les rillettes d'oie lui sembla-t-il), elle tira sa couette sur son visage.

Séléna ne se sentait pas artiste. Elle aimait lire, écrire, dessiner, jouer de la guitare (ou plutôt mal jouer le seul morceau qu'elle maîtrisait un peu : *True love will find you in the end*), mais elle n'avait jamais songé à en faire un métier. L'insistance de ses parents avait plutôt comme effet de lui donner envie de se tourner vers des professions classiques. De quoi se mêlaient-ils ? Et puis, qu'est-ce que ça voulait dire être artiste ? On est censé se sentir spécial ? C'est ridicule.

Tout d'un coup, Séléna fut prise d'un doute : peut- être était-ce une ruse de ses parents pour la dégoûter de toute ambition artistique ? Ça aurait été très malin, retors et efficace. Mais les parents ne sont jamais si rusés. Elle se demanda s'ils ne voulaient pas la transformer en petit singe qui fait des tours pour épater les gens.

---

2 **désespérant** zum Verzweifeln | 3 **un disquaire** une personne qui vend des *disques* (Schallplatte) | 4 **affronter** faire face | 5 **un soupir** Seufzer | 5 **un roulement d'yeux** Augenrollen | 6 **réaborder un sujet** recommencer à parler d'un sujet | 8 **un clin d'œil** Augenzwinkern | 9 **abandonner** *ici :* oublier | 9 **épuisé** très fatigué | 10 **résoudre un problème** trouver la solution à un problème | 11 **une dissertation** Aufsatz | 11 **se protéger** sich schützen | 12 **flotter** *ici :* être dans l'air | 12 **les rillettes d'oie** *fpl* Schmalzfleisch von Gans | 12 **sembler** scheinen | 13 **tirer** ziehen | 13 **une couette** Decke | 15 **un morceau** Stück | 17 **songer** penser | 18 **se tourner vers qc** *ici :* choisir qc | 19 **se mêler de qc** sich einmischen | 20 **être censé** eigentlich etw tun sollen | 21 **ridicule** grotesque | 22 **être pris d'un doute** ne pas être sûr | 23 **une ruse** Trick | 23 **dégoûter qn de qc** ≠ faire aimer qn qc | 24 **malin** intelligent | 24 **retors** hinterhältig | 25 **rusé** malin, intelligent | 26 **un tour** Zaubertrick | 26 **épater** verblüffen

## chapitre 6

Le lendemain soir, en rentrant du collège, elle fut surprise de trouver un carton enrobé de papier cadeau multicolore au beau milieu de sa chambre. Noël était encore loin, son anniversaire encore plus. Elle s'approcha, tourna autour, mais sans oser l'ouvrir. Elle descendit pour demander des explications à ses parents.

Ceux-ci buvaient leur café de fin de journée dans le salon. Ils sourirent à leur fille d'un air complice. Ça horripila Séléna.

– Qu'est-ce que c'est que ça ? demanda-t-elle.

Ses parents rayonnaient de fierté. Ils étaient si sûrs d'eux-mêmes…

– Un cadeau, dit sa mère.

– Je vois bien que c'est un cadeau, mais pour quelle raison ?

– Nous pensons que ça va te plaire. Ouvre-le.

Séléna s'assit sur le fauteuil et ouvrit le paquet.

C'était une boîte à aquarelle, magnifique, en bois.

– C'est gentil. Mais je ne peins pas. Je ne saurais même pas comment tenir un pinceau.

– Pour l'instant, dit son père. Mais ton désir artistique ne demande qu'à surgir.

Séléna eut l'impression que son père se représentait le désir artistique comme une sorte de lion qui vivrait au fond de son âme. Elle avait envie d'envoyer balader ses parents. Néanmoins, comme elle était une fille polie et attentive, elle sourit. D'une certaine manière, c'était touchant. Ils étaient un peu dérangés, mais ils essayaient de bien faire.

Dans sa chambre, elle tenta de faire de l'aquarelle sur de grandes feuilles à dessin, mais elle réussit surtout à faire des taches baveuses et de toutes les couleurs. Ça l'amusa quelques minutes, puis elle

3 **enrobé de qc** avec autour | 3 **multicolore** de toutes les couleurs | 5 **s'approcher de qn/qc** aller vers qn/qc | 5 **oser faire qc** avoir le courage de faire qc | 8 **horripiler** énerver | 10 **rayonner de fierté** être très *fier* (stolz) | 16 **magnifique** très beau | 16 **en bois** aus Holz | 20 **surgir** *ici :* s'exprimer, sortir | 21 **avoir l'impression** croire | 22 **l'âme** *f* Seele | 23 **envoyer balader qn** *fam* jdn zum Teufel jagen | 24 **poli** qui a une bonne éducation (höflich) | 24 **attentif** → l'attention *f* | 25 **touchant** berührend | 25 **dérangé** un peu fou | 28 **baveux** schleimig

comprit que ce ne serait jamais une passion. Elle referma la boîte et la rangea sur une étagère.

Les jours suivants, ça ne s'arrangea pas.

Samedi, en rentrant du cinéma où elle était allée voir un film de Lubitsch avec Vérane, elle eu droit à un dictionnaire des synonymes et à un stylo plume.

Dimanche, elle trouva un nouveau paquet. Elle le déballa : c'était un appareil photo, très beau, en métal brillant et en plastique noir solide, l'intérieur de l'étui était en velours rouge. L'épaisseur du mode d'emploi l'inquiéta. Elle se dit qu'elle allait faire l'effort de s'y intéresser pour ne pas vexer ses parents. Le pire c'est que ça leur coûtait de l'argent. Elle prit des photos de ses pieds chaussés de chacune de ses paires de chaussures, de ses étagères, de la rue. Elle s'aventura jusqu'à prendre des photos du plafond et des moutons de poussière sous le lit. C'était chouette. Mais, non, elle n'avait pas envie de devenir photographe. Elle le posa sur l'étagère à côté de la boîte à aquarelle. Lundi, en rentrant de la bibliothèque où elle avait révisé ses cours avec Vérane, elle trouva un nouveau paquet. Elle soupira, s'assit sur son lit et le déballa : c'était une caméra. Ses parents la voyaient metteur en scène maintenant ? C'était un bel objet, avec des tas de boutons et de voyants qui clignotaient. Mais Séléna n'avait pas envie de créer quoi que ce soit avec.

Mardi, en rentrant du collège, elle découvrit un énorme sac d'argile et des outils pour sculpter. C'était déraisonnable. Hors de question de toucher ce truc marronâtre et de se salir les mains. Elle poussa le sac près de la penderie.

Ça frisait la psychose, pensa Séléna. Le comportement de ses parents était anormal et excessif. Elle décida de leur parler. Ils

---

5 **Lubitsch** *(1922-1947) réalisateur américain d'origine allemande* | 5 **avoir droit à qc** *ici :* recevoir | 6 **un stylo plume** Füllfederhalter | 7 **déballer** ouvrir | 9 **l'épaisseur** *f* la grosseur | 10 **un mode d'emploi** Bedienungsanleitung | 10 **faire l'effort de faire qc** essayer de faire qc | 11 **vexer qn** jdn kränken, beleidigen | 12 **chaussé** → une chaussure | 14 **s'aventurer** → une aventure | 14 **un plafond** Decke | 14 **un mouton de poussière** Staubflocke | 18 **réviser** travailler pour un test | 19 **soupirer** seufzen | 20 **un metteur en scène** Regisseur | 21 **un bouton** Knopf | 21 **un voyant** Kontrolllampe | 21 **clignoter** leuchten | 22 **créer** schaffen | 22 **quoi que ce soit** irgendetwas | 24 **l'argile** *m* Ton | 24 **un outil** Werkzeug | 24 **sculpter** → une sculpture | 24 °**hors de question** außer Frage | 26 **une penderie** une garde-robe | 27 **friser qc** être proche de qc

étaient à leur place habituelle dans le canapé en train de boire leur café si dilué qu'on dirait du thé. Il y avait une autre personne, une jeune femme en jupe et pull beige, du rouge très vif aux lèvres. Et ça sentait la vanille.

– Séléna, dit sa mère, laisse-nous te présenter madame Pekar.

La femme se leva et serra la main de Séléna. La vanille venait de *là*.

– C'est ta professeure de piano, dit son père.

Ah non. Cela suffisait. Non. Non. Non.

– On n'a pas de piano, dit Séléna.

– Il arrive demain, dit sa mère.

– Vous auriez pu me demander mon avis, non ?

– Fais nous confiance, tu vas adorer. Et puis, qui n'aime pas le piano ?

Séléna aurait aimé, de temps en temps, être plus égoïste et insubordonnée, capable de caprices, de colères et de scandales. À cet instant, elle aurait voulu laisser tout le monde en plan dans le salon et monter dans sa chambre, ou mieux encore demander l'asile politique à Vérane et à ses parents (pas toujours très marrants, heureusement les parents sont plus cools avec les enfants des autres qu'avec les leurs). Mais elle resta sagement assise.

Pendant que madame Pekar et ses parents parlaient (solfège, composition, concert...), elle pensa aux cerfs-volants : elle remplit son esprit de formes multicolores dans un ciel bleu.

---

2 **dilué** avec beaucoup d'eau | 3 **vif** intense ≠ sans couleur | 9 **suffire** être assez, être trop | 16 **insubordonné** ungehorsam | 16 **un caprice** Laune | 17 **laisser qn en plan** quitter qn, disparaître de la pièce | 19 **marrant** drôle | 21 **sagement** tranquillement | 22 **le solfège** musikalische Elementarlehre | 23 **remplir son esprit** ≠ vider son esprit ; penser à qc

## chapitre 7

C'était une catastrophe. Sa vie devenait une catastrophe. Séléna retrouva Vérane à la bibliothèque le lendemain matin. Le bâtiment occupait l'aile d'un ancien château que la Révolution avait confisquée aux nobles locaux. L'endroit clair et chaleureux accueillait jeunes et vieux. On pouvait y boire un mauvais thé fabriqué par une vieille machine tremblante, s'installer dans de larges fauteuils rouges (et regarder les douves et la ville au loin), s'asseoir aux tables de travail. Séléna s'affala dans un gros siège face à son amie. Elle cacha son visage derrière ses cheveux.

– Ils sont en train de me dégoûter de l'art. Qu'ils me laissent respirer, merde.

– Tu peux me donner ta caméra, alors ! demanda Vérane avec malice.

Séléna se blottit dans son fauteuil. Toute cette affaire l'épuisait.

– Si mes parents pouvaient m'aimer moins et me comprendre davantage...

– Tu sais c'est le cas classique d'adultes qui n'ont pas réalisé leurs ambitions artistiques et qui reportent leur désir sur leur enfant.

C'était sans doute l'explication, admit Séléna. Pour contrer ses parents, elle réfléchit à des métiers qui pourraient lui plaire. Mais elle n'en trouvait pas. Elle ne voulait pas se forcer à faire un choix. Ça lui fit penser aux mariages forcés d'adolescentes qu'on voyait dans les journaux. C'était immoral. Elle voulait prendre son temps. Elle demanda à Vérane si elle pouvait dire qu'elle voulait être astrophysicienne comme elle. Ce n'était pas vrai, mais ça devrait calmer ses parents. Son amie l'autorisa à emprunter son idée.

---

4 **un bâtiment** Gebäude | 4 **occuper** *ici* : être, se trouver | 4 **une aile** Flügel | 5 **confisquer qc à qn** prendre qc à qn | 5 **un noble** Adliger | 5 **chaleureux** ≠ froid | 6 **accueillir** → un accueil | 7 **fabriqué** fait | 8 **une douve** Wassergraben | 9 **s'affaler** se laisser tomber | 9 **un siège** une chaise | 12 **respirer** atmen | 12 **merde** *fam* (verdammt) Scheiße | 13 **avec malice** schelmisch | 15 **se blottir** sich zusammenkauern | 15 **épuiser qn** fatiguer qn | 19 **reporter qc sur qn** etw auf jdn übertragen | 20 **admettre** avouer, accepter | 20 **contrer qn** → contre | 22 **se forcer à faire qc** sich zwingen, etw zu tun | 22 **un choix** → choisir | 23 **forcé** ≠ libre | 27 **autoriser** ≠ interdire | 27 **emprunter** prendre

## chapitre 8

Séléna prit soin d'annoncer les choses avec douceur. Elle attendit la fin du dîner. Son père avait préparé sa traditionnelle ratatouille d'hiver (consistant en une préparation classique de ratatouille agrémentée de choux), ils avaient écouté *Lucia di Lammermoor*, un opéra de Donizetti, et la conversation avait été agréable (ils avaient parlé de la sœur du père de Séléna - tante Clara - qui s'était mise en tête de chercher des crânes et des os pour les mettre sur le mur entourant sa maison, et ainsi dissuader les gens qu'elle n'aimait pas de venir la déranger). Séléna était allée prendre le dessert sur la cuisinière (de la semoule de blé au lait et aux raisins secs). Elle avait déposé la casserole encore tiède sur la table et avait annoncé la grande nouvelle :

– J'ai décidé de devenir astrophysicienne.

Si elle avait dit qu'elle voulait devenir strip-teaseuse, ses parents n'auraient pas réagi autrement.

Il y eut un silence, lourd et long. Son père et sa mère se prirent la main, comme pour se soutenir devant l'épreuve terrible que leur faisait vivre leur fille. Leur visage reflétait un profond sentiment d'incompréhension et de trahison.

– Mais tu as tout pour devenir une artiste... dit sa mère, les larmes aux yeux.

– Séléna, dit son père, réfléchis bien avant de prendre une décision aussi grave. Je veux que tu saches que nous te faisons confiance. Nous avons un certain nombre d'années de plus que toi, nous avons du recul, nous connaissons la vie. Tu ne dois pas

---

2 **prendre soin de faire qc** faire attention à faire qc | 2 **annoncer** *ici :* dire | 2 **avec douceur** gentiment, calmement | 3 **une ratatouille** un plat provençal avec des légumes | 4 **consister en qc** aus etw bestehen | 5 **agrémenté** avec | 6 **Donizetti** *(1797-1848) un compositeur italien* | 7 **se mettre en tête de faire qc** être prêt à faire qc | 8 **un crâne** Schädel | 8 **un os** Knochen | 9 **entourer qc** um etw herum sein | 9 **dissuader qn de faire qc** faire changer qn d'avis | 10 **déranger qn** troubler qn dans une activité | 11 **une cuisinière** là où on cuisine (Herd) | 11 **une semoule** Grieß | 11 **un raisin sec** Rosine | 12 **une casserole** Topf | 12 **tiède** ni chaud ni froid | 18 **une épreuve** une situation difficile | 19 **refléter** widerspiegeln | 20 **l'incompréhension** *f* quand on ne comprend pas qc/qn | 20 **une trahison** Verrat | 22 **une larme** Träne | 26 **avoir du recul** avoir de la distance, de l'expérience

brader ce que tu es pour devenir une vulgaire scientifique. Tu as une âme qui ne ressemble à aucune autre.

« Et les scientifiques n'ont pas d'âme ! », pensa Séléna. À vrai dire, son prof de mathématiques était la personne la plus obtuse qui soit, mais ça ne voulait rien dire. Vérane était l'exemple même de la scientifique ouverte et poétique. Vite, vite, pensa Séléna, je dois trouver autre chose.

– Alors je serai professeure de philosophie, dit elle.

Séléna marchandait, elle le savait. Ce n'était sans doute pas la solution, mais pour l'instant elle ne voyait que ça.

– Un professeur ne comprend rien à la réalité des choses, dit son père, ils vivent dans leur tête. Ce sont des êtres secs et tristes.

– Avocate.

– Les avocats ne créent rien, dit sa mère. Ils profitent du malheur des autres. Mon dieu, tu es aliénée à un point que je n'imaginais pas. L'institution scolaire a perverti ta personnalité profonde en te donnant des désirs raisonnables.

– Médecin.

– En voilà encore qui profitent des autres, dit son père. Sans les maladies ils ne sont rien. C'est un métier amoral. Ils sont les alliés des bactéries et des virus.

Séléna pressa ses mains sur son visage. Ses parents étaient irrécupérables. Avec les années, elle apprenait à mieux les connaître et elle avait de plus en plus l'impression de se trouver face à des jumeaux. Le fait de vivre ensemble depuis vingt ans avait fini par mélanger leurs personnalités. Bien sûr, il restait de petites différences, mais ils pensaient de la même façon. Quoi qu'elle dirait, ils resteraient bloqués sur leur idée. Il valait mieux aller se coucher.

---

1 **brader** *fig* abandonner | 3 **à vrai dire** en vérité | 4 **obtus** engstirnig | 9 **marchander** handeln | 9 **sans doute** sûrement | 12 **sec** indifférent, insensible | 13 **un avocat** Anwalt | 15 **aliéné** fou | 16 **l'institution scolaire** *f* l'école *f* | 16 **pervertir** faire changer en mal | 22 **presser** *ici :* appuyer | 23 **irrécupérable** perdu, qu'on ne peut plus aider | 25 **des jumeaux** *mpl* Zwillinge | 26 **mélanger** mischen

Désormais la maison s'ajoutait à l'école comme lieu où elle se sentait étrangère. Elle rêvait d'un ailleurs, où on la comprendrait, où on la laisserait vivre. Le pire c'est qu'elle se sentait coupable de ne pas être celle qu'ils voyaient en elle, celle pour qui ils faisaient tant et dépensaient tant d'argent.

---

1 **désormais** à partir de maintenant | 2 **un ailleurs** un autre endroit | 3 **coupable** responsable (schuldig) | 5 **dépenser de l'argent** ≠ garder son argent (Geld ausgeben)

## chapitre 9

Dès qu'ils entendirent la porte de la chambre de Séléna se fermer, ses parents discutèrent à mi-voix. Ils étaient inquiets. Très vite, le diagnostic leur parut évident : leur fille avait connu un environnement trop stable. Ils lui avaient donné une bonne éducation, elle n'avait jamais eu faim, ni froid. Eux-mêmes étaient un couple idéal, un modèle d'amour et de respect. Leur présence enveloppante avait fait de Séléna un être équilibré. Mais c'était un cadeau empoisonné. Ils le savaient : les artistes ont connu une enfance difficile. C'était une condition sine qua non au génie. Il n'était pas trop tard pour rendre ce service à leur fille.

Ils décidèrent de commencer par vider le frigo et le garde-manger des mets les plus délicats. Le chocolat, la confiture, les gâteaux secs, le cake, les céréales du petit déjeuner, mais aussi les pâtés, le beurre salé, les yaourts aux fruits, les fromages (dont le roquefort, fromage préféré de Séléna). Il ne resta que riz, huile de tournesol, pâtes et pommes de terre. Les kilos de nourritures délicieuses finirent cachés dans le garage.

Mais ça ne leur parut pas suffisant. Ils avaient lu les biographies des plus grands artistes et aucun n'avait vécu dans le confort d'une maison moderne. Alors ils coupèrent le chauffage. Dorénavant, ils porteraient de gros pulls et rajouteraient des couvertures sur les lits.

Ils allaient vivre à la dure. Ça ferait le plus grand bien au tempérament artistique de Séléna, et à son inspiration. Ils la savaient si sensible, si capable de créativité. À n'en pas douter elle allait être surprise par cette nouvelle vie. Elle les remercierait plus tard, dans quelques années quand elle serait une artiste reconnue.

---

3 **inquiet** ≠ calme | 4 **évident** sûr | 5 **un environnement** Umgebung | 6 **une éducation** Erziehung | 8 **équilibré** ausgeglichen | 9 **empoisonné** vergiftet | 10 **une condition** Bedingung | 11 **rendre ce service à qn** aider qn | 13 **un mets** qc à manger | 14 **les céréales** *fpl* les cornflakes et le müsli qu'on mange au petit déjeuner | 15 **un pâté** Pastete | 16 **le roquefort** un fromage | 16 **le riz** Reis | 16 **l'°huile de tournesol** *f* Sonnenblumenöl | 17 **la nourriture** qc à manger | 19 **suffisant** assez | 21 **le chauffage** Heizung | 21 **dorénavant** à partir de maintenant | 22 **une couverture** Decke

## chapitre 10

Le matin, quand Séléna constata que le frigo était vide et qu'il n'y avait plus de chocolat dans le placard, quand elle vit de la fumée sortir de sa bouche alors qu'elle était dans le salon, elle comprit que le délire de ses parents avait atteint un nouveau stade.

Une discussion raisonnable avec eux ne mènerait à rien, car ils étaient en dehors du domaine de la raison. Les attaquer frontalement ne servirait à rien non plus, car ils se braqueraient, et bon, c'était des adultes (quoi que ce mot puisse signifier), ils gagneraient en cas de rapport de force.

Séléna resta debout devant le frigo. Elle respira profondément pour se calmer. La plupart des événements peuvent être vu de deux manières différentes : quelque chose d'irritant peut devenir drôle, le grave peut se transformer en léger. Il suffit de laisser son esprit opérer un glissement. Il fallut deux bonnes minutes à Séléna pour faire naître un sourire sur ses lèvres.

Finalement, ça l'amusait. Oui, c'était absurde et drôle. Elle monta dans sa chambre, et se couvrit pour résister au froid : un bonnet, deux pulls supplémentaires, de grosses chaussettes et des mitaines. Elle prit son appareil photo et fit des clichés de tous les cadeaux artistiques de ses parents. Puis elle descendit dans la cuisine et prit en photo le frigo vide et les placards pleins de denrées de première nécessité. Elle posa l'appareil sur un meuble assez haut, activa le retardeur et se prit en photo avec ses habits d'hiver d'intérieur et la fumée qui sortait de sa bouche. Elle alluma son ordinateur et nota les événements des derniers jours. Dans quelques années quand elle

---

2 **constater** remarquer | 3 **un placard** Schrank | 5 **un délire** quand on est fou | 5 **atteindre** erreichen | 5 **un stade** un niveau, une étape | 6 **mener à qc** *ici :* aider | 7 **un domaine** Bereich | 8 **frontalement** directement | 8 **servir à qc** mener à qc | 8 **se braquer** auf stur schalten | 9 **signifier** vouloir dire | 10 **un rapport de force** Kräfteverhältnis | 12 **un évènement** Ereignis | 14 **léger** ≠ lourd | 14 **suffire** reichen | 15 **opérer** *ici :* faire | 15 **un glissement** un changement | 16 **naître** apparaître | 16 **une lèvre** Lippe | 18 **se couvrir** *ici :* mettre des vêtements chauds | 18 **résister** widerstehen | 18 **un bonnet** Mütze | 19 **supplémentaire** en plus | 19 **une chaussette** Socke | 19 **une mitaine** Halbfingerhandschuh | 20 **un cliché** une photo | 22 **une denrée de première nécessité** Grundnahrungsmittel | 23 **activer** ≠ éteindre | 24 **un retardateur** Verzögerer | 24 **un °habit** un vêtement

sera adulte, quand elle aura choisi un métier, elle leur rappellera leur folie passée. Elle en montrera les preuves à ses enfants et à ses futurs amis. Il lui fallait garder des traces.

On frappa à la porte. Séléna descendit ouvrir : deux hommes en salopette bleue portaient un piano droit. Ils le déposèrent dans le salon, le visage en sueur. Dès qu'il furent partis, Séléna prit le temps de regarder l'instrument. C'était beau, elle le reconnaissait. Elle fit glisser ses doigts sur les touches, mais sans oser appuyer. Elle ne pourrait pas se sentir à l'aise avec un truc comme ça, si brillant, si majestueux. Elle préférait sa vieille guitare. Elle lui ressemblait. Elle attacha ses cheveux en natte, prit son sac et sortit. Ce matin, elle prendrait le petit déjeuner chez Vérane.

2 **une folie** → fou | 2 **une preuve** Beweis | 4 **frapper à la porte** an die Tür klopfen | 5 **une salopette** Latzhose | 5 **déposer** poser | 6 **la sueur** Schweiß | 8 **faire glisser qc** mettre | 8 **un doigt** Finger | 8 **une touche** Taste | 9 **se sentir à l'aise** se sentir bien | 11 **une natte** Zopf

## chapitre 11

Le premier soir du nouveau régime, Séléna et ses parents mangèrent une salade de riz à l'huile de tournesol suivie de pommes de terre à l'eau. Comme dessert : des yaourts sans sucre, très acides.

Séléna ne se plaignit pas. Ça surprit ses parents. Son père dit :

– Nous avons des ennuis d'argent, nous devons réduire notre budget. Fini le chocolat et le roquefort. Et nous avons coupé le chauffage pour réduire nos dépenses.

– La vie est dure, dit sa mère. J'espère que tu comprends.

– Pas de problème, dit Séléna. On est ensemble, c'est le plus important.

Elle pensa au piano qui venait d'être livré : ses parents n'avaient pas de problèmes d'argent. Ils ne se souciaient même pas de faire en sorte que leur plan soit vraisemblable. Et d'ailleurs pour quelle raison, auraient-ils des finances désastreuses ? Aucun des deux n'avait été licencié. Pour s'amuser (pour répliquer aussi), elle tenta de les mettre en difficulté :

– Et pourquoi avez-vous des problèmes d'argent ?

Ses parent se regardèrent, désarçonnés. Manifestement ils n'avaient pas prévu d'imaginer une raison. Séléna voyait qu'ils réfléchissaient pour trouver une explication.

Son père fut le plus rapide :

– C'est à cause de moi.

Séléna prit son air le plus doux et désolé. Sa mère fronça les sourcils, se demandant ce que son mari avait inventé.

– Je suis un joueur compulsif, dit-il en baissant les yeux, les mains sur les tempes. Tu sais que nous jouons au poker chaque vendredi soir avec les Levson.

---

2 **un régime** Diät | 4 **acide** sauer | 5 **surprendre** prendre par surprise | 6 **un ennui** un problème | 6 **réduire** devenir plus petit | 8 **une dépense** Ausgabe | 12 **livrer** liefern | 13 **se soucier de faire qc** darauf bedacht sein, etw zu tun | 13 **faire en sorte que** + *subj* darauf hinarbeiten, dass | 14 **vraisemblable** wahrscheinlich | 15 **désastreux** catastrophique | 16 **être licencié** perdre son travail | 16 **tenter** essayer | 19 **désarçonné** troublé | 23 **à cause de qc/qn** wegen | 24 **désolé** triste | 24 **froncer les sourcils** die Augenbrauen runzeln | 26 **baisser les yeux** regarder vers le bas | 27 **la tempe** Schläfe

– Oui, mais vous jouez avec des centimes, dit Séléna.

– En effet. Mais ça a déclenché chez moi une obsession qui a pris une ampleur incontrôlable. Je joue sur des sites Internet de poker. Dès que je passe devant un tabac j'achète des grilles de loto et de jeux de grattage. Je parie sur des chevaux. J'en suis extrêmement honteux.

Séléna se leva et l'enlaça pour le réconforter.

– Moi aussi, j'ai un problème, dit sa mère sans doute un peu jalouse.

Le père de Séléna fit un bref mouvement de tête pour indiquer à sa femme que ce n'était pas nécessaire d'en rajouter, mais elle ne le vit pas.

– J'ai fait partie d'une secte.

– Une secte, maman ?

– Les Adorateurs du Soleil. J'étais déprimée, j'ai pensé que ce serait mieux que d'aller voir un psy. On se retrouvait certains soirs de semaine dans une cave et on chantait sous un plafond couverts de puissants projecteurs. Ils demandaient de l'argent à leurs adeptes pour la construction d'un temple en Inde. Je leur ai fait beaucoup de chèques. J'en suis sortie aujourd'hui, mais nous avons des dettes.

Ce n'est absolument pas crédible, pensa Séléna, qui s'empêchait d'éclater de rire. Ils devraient prendre des cours de mensonge. Mais pour continuer à jouer le jeu, elle dit :

– Ma pauvre maman.

Le repas reprit. Ses parents ne pouvaient s'empêcher de manifester une certaine fierté concernant leurs talents de comédiens. Séléna

---

2 **déclencher qc** provoquer qc | 3 **l'ampleur** *f* l'importance *f* | 4 **une grille de loto** Lottoschein | 5 **un jeu de grattage** Rubbellos | 5 **parier** wetten | 7 **enlacer** prendre qn dans ses bras, par la taille | 7 **réconforter qn** consoler qn | 10 **bref** rapide | 10 **indiquer** montrer | 11 **nécessaire** notwendig | 11 **en rajouter** *fam* en faire trop | 13 **faire partie de qc** etw gehören | 18 **puissant** fort | 19 **un adepte** Anhänger | 19 **une construction** → construire | 20 **s'en sortir** se tirer d'une situation difficile | 21 **une dette** Schulden | 22 **crédible** qu'on peut croire | 22 **s'empêcher de faire qc** s'interdire de faire qc | 23 **éclater de rire** commencer à rire très fort | 23 **un mensonge** → mentir | 26 **reprendre** continuer | 26 **manifester** *ici :* montrer | 27 **concernant** *ici :* sur | 27 **un comédien** une personne qui joue la comédie

n'avait qu'un mot à l'esprit : ridicule. Mais elle était touchée de voir leur complicité enfantine. Ça lui faisait chaud au cœur. Au moins partageaient-ils la même folie. C'est peut-être ça l'amour.

**1 être touché** berührt sein | 2 **la complicité** quand deux personnes se comprennent très bien l'une l'autre | 2 **faire chaud au cœur** réconforter, consoler | 3 **partager** *ici :* avoir en commun

## chapitre 12

Allongée sous sa couette, encore toute habillée, Séléna laissait ses pensées flotter comme des méduses. À cause de ses parents, elle se posait des questions nouvelles. Ce n'était pas si négatif. Être artiste ? Mais c'était quoi un artiste ? Elle n'avait pas de talent particulier pour le dessin, elle aimait lire et aller au cinéma, elle jouait vaguement de la guitare et collectionnait les vinyles. Elle était solitaire et souvent en décalage par rapport aux autres. Est-ce que ça suffisait ? Au collège, des élèves avaient l'air d'artiste. Ils avaient un style vestimentaire très étudié et des coiffures sophistiquées (parfois de manière à faire croire qu'ils étaient décoiffés). Mais est-ce que ça voulait dire qu'ils seraient des artistes plus tard ? Ou bien en avaient-ils simplement mis le costume ? Est-ce qu'on devient artiste à cause de ce que l'on est ? Ou bien car c'est ce qu'on veut être ? À moins que ce soit une subtile combinaison des deux. Séléna voulait apprendre à mieux cerner qui elle était, à continuer à grandir, et à s'en sortir dans la vie. Voilà ses ambitions. Plutôt bonne élève, mais rien ne l'intéressait en particulier. Au contraire, il y avait des tas de choses qui la passionnaient : la cuisine, les romans, le féminisme, l'histoire, les cerfs-volants... Trop de choses pour désirer vouloir devenir une spécialiste.

Elle fit des recherche sur Internet. Les conditions de vie des artistes ne sont pas simples : la plupart n'ont pas de congés payés, pas de chômage, ils ne sont pas salariés. C'est une vie avec des avantages (l'aventure et la liberté) et des inconvénients (l'instabilité et l'angoisse financière). Est-ce que c'était ce qu'elle désirait ? Elle n'en savait rien. La vie quotidienne était déjà suffisamment compliquée, elle n'avait pas envie de s'épuiser à penser au futur.

3 **flotter** rester à la surface de l'eau, sans nager | 3 **une méduse** Qualle | 8 **un décalage** Diskrepanz, Kluft | 10 **sophistiqué** ≠ naturel | 11 **décoiffé** les cheveux dans tous les sens | 15 **une combinaison** Mischung | 16 **cerner** comprendre | 23 **les congés** *mpl* les vacances | 24 **le chômage** quand on n'a pas de travail | 24 **salarié** Angestellter | 25 **un avantage** un point positif | 25 **un inconvénient** ≠ un avantage | 26 **l'angoisse** *f* un sentiment de peur, de panique intense | 26 **financier** → les finances *fpl* | 27 **quotidien** de tous les jours | 27 **suffisamment** *litt* assez

Elle aurait aimé que « Je ne sais pas » soit une réponse possible, qui ne suscite pas d'angoisse chez ses parents, ses profs, ou elle-même. Un triomphant et joyeux « Je ne sais pas ». Elle s'entraîna à prononcer ces mots devant son miroir de poche cerclé d'argent. Avec le sourire.

2 **susciter** provoquer, faire naître | 4 **prononcer** dire | 4 **cerclé** avec autour | 4 **l'argent** *m* Silber

## chapitre 13

Le premier cours de piano avait lieu chez madame Pekar. Elle vivait avec ses deux enfants et son mari dans un appartement au sein d'un HLM gris et rose, de cette laideur dont les architectes modernes ont le secret.

La jeune femme sentait la vanille (elle usait de ce parfum sans aucune parcimonie). Dès que Séléna entra, une atmosphère de sucre vanillé lui sauta aux narines. L'odeur semblait émaner de la peau même de la professeur. Ce n'était pas désagréable, mais cela soulignait encore davantage l'absence de gâteaux, de chocolat et de sucreries chez Séléna. C'était une torture. Elle n'avait qu'une envie : mordre dans le bras de madame Pekar. Mais ce n'était pas une conduite socialement tolérée, la professeur risquait de faire payer un extra à ses parents.

Séléna obéissait à ses parents en prenant ce cours. Le conflit lui faisait horreur, acquiescer était plus simple (Vérane, elle, n'avait pas de problème avec le conflit, c'est toujours elle qui parlait le plus fort, protestait et invectivait). Elle ne savait pas vraiment si elle avait eu raison, elle aurait pu faire un scandale ou bouder. Elle se laissait un peu de temps pour changer d'avis. Après tout, ces leçons constituaient une occasion d'en tirer quelque chose de personnel. Elle ne se faisait pas d'illusions : apprendre la musique ne serait pas une mince affaire. Elle pensait même que ça lui serait impossible (elle luttait déjà avec sa guitare). Mais au moins il y avait du chauffage. Dès qu'elle était entrée dans l'appartement, elle avait pris le temps de parler à madame Pekar pour pleinement profiter de la chaleur. Elle lui avait dit à quel point la décoration intérieure était réussie (c'était faux : il y avait des sculptures géométriques

---

2 **avoir lieu** se passer | 3 **au sein de** dans | 4 **un HLM** Sozialwohnung | 4 **la laideur** qc qui n'est pas beau | 6 **user** utiliser | 8 **les narines** *fpl* Nasenlöcher | 8 **émaner** venir | 9 **la peau** Haut | 10 **souligner** mettre l'accent sur | 11 **les sucreries** *fpl* → le sucre, les gâteaux, les bonbons | 12 **mordre** beißen | 13 **une conduite** un comportement | 16 **acquiescer** faire oui de la tête, *ici* : accepter | 18 **invectiver** beleidigen | 19 **bouder** faire la tête | 23 **ne pas être une mince affaire** ne pas être une chose facile

et grises partout), que la vue sur le jardin municipal était si belle (faux : les jeux du jardin d'enfants étaient tordus et rouillés, les bancs abimés). Séléna avait espéré que madame Pekar lui offrirait un chocolat chaud et des petits gâteaux. Mais sa professeur ne lui donna qu'un verre d'eau tiède au fort goût de chlore.

Le sens du rythme n'était pas le point fort de Séléna. Vérane se moquait souvent d'elle à ce propos. Quand elle essayait de danser (ça ne lui était arrivé que deux fois : avec Vérane, dans le garage de la maison de son amie, et lors d'une soirée dansante obligatoire lors d'un séjour scolaire en Autriche), Séléna bougeait à la manière d'un poulet qui marcherait sur une plaque en fer parcourue par un courant électrique. C'était désordonné et cocasse. Son corps ne suivait pas la musique, il se mouvait dans son propre univers personnel mystérieux.

Madame Pekar l'invita à s'asseoir. Séléna prit place sur le tabouret rembourré. Elle se trouvait face à... 88 touches. Elle eu le temps de les compter pendant que madame Pekar lui parlait de ses études de piano à Varsovie. Elle avait un ton de voix cassant et méprisant, et semblait très fière d'elle-même. Dès que Séléna avait senti que madame Pekar appartenait à ce genre de professeur pour qui l'apprentissage doit se faire dans la douleur et le sérieux, elle avait commencé à penser à autre chose. Madame Pekar se tut. Séléna la regarda.

Apparemment elle attendait quelque chose. Alors Séléna posa ses dix doigts sur les touches et appuya, plusieurs fois, très fort. Ça fit beaucoup de bruit. Le résultat ne fut pas celui attendu par madame Pekar. Elle devint toute rouge et cria :

– Stop, stop !

---

2 **tordu** ≠ droit | 2 **rouillé** verrostet | 3 **abimé** ≠ neuf | 6 **un point fort** Stärke | 7 **un propos** un sujet | 10 **un séjour** un voyage | 11 **le fer** Eisen | 11 **parcouru** traversé | 12 **un courant** Strom | 12 **désordonné** chaotique | 12 **cocasse** drôle, comique | 13 **se mouvoir** bouger | 13 **propre** eigen | 16 **un tabouret** Hocker | 16 **rembourré** gepolstert | 18 **cassant** sec | 19 **méprisant** verächtlich | 21 **un apprentissage** → apprendre | 22 **se taire** *ici :* arrêter de parler | 24 **apparemment** visiblement (offensichtlich) | 26 **un résultat** Ergebnis

Séléna n'était pas opposée à l'idée que madame Pekar lui apprenne le piano, mais à la condition que celle-ci accepte un peu de son indiscipline. Elle espérait être inéducable, et que sa professeur jetterait l'éponge.

Malheureusement, madame Pekar ne se découragea pas. Elle prit la main de son élève et posa son majeur sur une touche blanche. Elle appuya plusieurs fois, doucement. C'était mieux. La note vibrait, répétitive et néanmoins agréable. Séléna prit ça avec philosophie : c'était juste une expérience bizarre qui cesserait bientôt (comme cette fois où sa tante Clara l'avait emmenée planter des épouvantails sur le bord des routes de campagne autour de sa maison). Ses parents finiraient par retrouver la raison. D'ici là, Séléna comptait profiter de deux bonnes heures dans un foyer chauffé, et de la rencontre avec ce drôle d'animal à 88 dents. Elle se faisait un devoir de retirer quelque chose de positif de n'importe quelle situation. Sinon la vie serait trop triste.

À la fin de la leçon, elle demanda à madame Pekar si elle pouvait prendre des photos du piano. Elle en profita pour faire un portrait de sa prof et pour photographier l'appartement et les sculptures laides. Elle ajouerait tout ça au reportage sur la folie de ses parents. Peut-être qu'un journal sera intéressé par le publier ? Ou bien elle pouvait ouvrir un blog. L'idée de voir toute l'histoire rendue publique amusa Séléna.

1 **être opposé** être contre | 3 **inéducable** qu'on ne peut pas *éduquer* (erziehen) | 4 **jeter l'éponge** abandonner | 5 **se décourager** perdre courage, espoir | 6 **le majeur** Mittelfinger | 9 **cesser** arrêter | 10 **planter** mettre dans la terre | 10 **un épouvantail** Vogelscheuche | 13 **un foyer** *ici :* un appartement | 14 **chauffé** chaud | 15 **retirer qc de qc** apprendre qc | 21 **publier qc** faire sortir un livre

## chapitre 14

Le mois de décembre s'enfonçait encore davantage dans le froid. Les trottoirs se couvraient de givre, les gens se cachaient sous des manteaux épais et des écharpes. Tout le monde se dépêchait de se mettre à l'abri et au chaud. Mais quand Séléna rentrait chez elle, elle ne trouvait qu'un appartement frigorifique. Elle serrait ses mains contre sa tasse d'eau chaude. Pour dormir, elle enfilait trois pyjamas. Lors des repas, ses parents et elle restaient vêtus de leurs manteaux et mangeaient des pâtes, des pommes de terre ou du riz. Séléna avait découvert de nombreuses manières de préparer ces trois aliments, mais elle commençait à se lasser. Heureusement, elle prenait au moins un repas correct par jour, à la cantine, et elle allait goûter chez Vérane (elle y prenait aussi sa douche tous les jours après l'école). Ses parents finiraient par craquer. Les bons petits plats, le chocolat (sans parler du chauffage), ça leur manquait plus qu'à elle. Après tout, vivre à la dure représentait déjà son quotidien depuis longtemps : elle était collégienne.

Le seul avantage de l'absence de chauffage fut la disparition des odeurs de viandes. Séléna découvrit la vie dans un logement qui ne puait pas. L'air était frais comme à la montagne.

Elle décida de passer à l'action. C'était dans son caractère : elle ne protestait pas, mais elle agissait discrètement et avec détermination. Elle acheta avec ces derniers euros un petit chauffage électrique dans une brocante, et le camoufla sous son lit.

Vérane lui apporta des provisions réconfortantes de chez elle : chocolat, barres de céréales, bonbons, jus de pommes, roquefort,

---

2 **s'enfoncer dans qc** entrer profondément dans qc | 3 **se couvrir de qc** être plein de qc | 3 **le givre** Frost | 4 **un manteau** Mantel | 4 **épais** gros | 4 **une écharpe** Schal | 4 **se dépêcher de faire qc** faire qc vite | 5 **se mettre à l'abri** *m* se protéger | 6 **frigorifique** très froid | 6 **serrer ses mains contre qc** mettre ses mains autour de qc et appuyer fort | 7 **enfiler** mettre un vêtement | 8 **vêtu** habillé | 11 **se lasser de qc** en avoir marre de qc *fam* | 13 **goûter** manger qc dans l'après-midi | 14 **craquer** abandonner, laisser tomber *fam* | 20 **puer** *fam* ne pas sentir bon | 20 **frais** frisch | 22 **agir** handeln | 22 **la détermination** le fait de vouloir très fort et fermement qc | 24 **une brocante** Trödelmarkt | 24 **camoufler** cacher | 25 **des provisions** *fpl* Essensvorräte

pâté, pain. Séléna grignotait le soir, après le dîner, en prenant bien soin de ne pas laisser de miettes et de papiers d'emballage. Évidemment comme aucun artiste (en tout cas c'est ce que croyaient ses parents) n'avait jamais eu d'argent de poche dans sa jeunesse, Séléna ne recevait plus un centime de la part de ses parents. Elle ne pouvait plus s'acheter le traditionnel pain au chocolat du mardi et du jeudi après-cours avec Vérane. Son amie l'invitait, mais Séléna ne voulait pas que la situation perdure. En un sens, Séléna s'en sortait, elle trouvait des ruses pour vivre un peu mieux que ce que permettaient ses parents, mais c'était tout de même difficile.

1 **grignoter** manger du bout des dents | 2 **une miette** Krümmel | 2 **un emballage** Packung | 3 **évidemment** naturellement | 8 **perdurer** continuer longtemps | 10 **permettre de faire qc** rendre qc possible

## chapitre 15

Le samedi après-midi, Vérane et Séléna retrouvèrent monsieur Blimp dans le jardin public pour une rencontre d'amateurs de cerf-volants. Une dizaine de personnes s'étaient données rendez-vous pour montrer leur savoir-faire et partager leur goût pour ces drôles d'objets. Il y avait un vent raisonnable. Les cerfs-volants représentaient, entre autres, une chouette, une fraise, une abeille, un dragon, un fer à repasser. C'était un moment doux. Les créatures légères et fragiles apportaient un peu de beauté à un monde qui en manquait. Les deux amies emmagasinaient des réserves de poésie : ça les aiderait à affronter l'école, les parents, et toutes les petites humiliations du quotidien. Elles avaient un jour imaginé qu'elles possédaient comme une hotte invisible sur le dos dans laquelle elles mettaient toutes sortes de choses en prévision des temps difficiles.

Un cerf-volant en forme de citrouille d'Halloween fut particulièrement applaudi. Les deux amies saluèrent le principal et partirent chacune de leur côté.

Séléna se demanda quelle influence avait cette période bizarre sur elle. Devenait-elle une artiste ? Il ne lui semblait pas. Elle ne développait pas de passion pour la peinture, elle ne se jetait pas sur sa caméra pour filmer une histoire qu'elle aurait inventée. En revanche, elle prenait de l'assurance vis-à-vis de ses parents. Elle gagnait en maturité et en indépendance, et ce n'était pas désagréable.

Les parents mettent une énergie insensée à bien faire, à éduquer leurs enfants, et à s'angoisser pour eux. Séléna pensa que s'ils mettaient un quart de cette énergie dans leur propre vie et dans

---

7 **représenter** *ici :* avoir la forme | 7 **une fraise** Erdbeere | 7 **une abeille** Biene | 8 **un dragon** Drache | 8 **un fer à repasser** Bügeleisen | 9 **fragile** ≠ fort | 10 **emmagasiner** *ici :* faire | 13 **posséder** avoir | 13 **une °hotte** Sack | 13 **invisible** qu'on ne voit pas | 14 **en prévision de qc** im Hinblick auf etw | 15 **une citrouille** Kürbis | 16 **saluer** dire bonjour | 18 **une influence** Einfluss | 20 **la peinture** Malerei | 20 **se jeter sur** sich stürzen auf | 22 **en revanche** dafür | 22 **prendre de l'assurance** devenir plus sûr de soi | 22 **vis-à-vis** gegenüber | 23 **la maturité** Reife | 25 **insensé** *ici :* énorme | 25 **éduquer** erziehen

leur couple, alors les choses iraient mieux à tous les niveaux. Et si elle-même attachait moins d'importance à ce qu'ils disaient et pensaient, sa vie serait plus douce. Ce serait se faire un cadeau à elle-même.

*

Avec une totale absence de discrétion (regards appuyés, questions pleines de sous-entendues), ses parents guettaient ses progrès artistiques. Ils attendaient la naissance d'une grande œuvre, un tableau, un roman, une sonate. Mais rien ne venait. Séléna ne touchait pas au tas de glaise, elle n'avait pas proposé de peindre leur portrait, elle n'avait pas tourné un film avec des personnages en pâte à modeler, et le piano l'indifférait (ils l'entendaient de temps en temps frapper une touche, en passant). Elle se contentait de prendre quelques photos par ci par là et d'écrire son journal intime. Rien de très spectaculaire. Ils étaient un peu déçus bien sûr. Mais ils avaient confiance dans leur intuition : leur fille était une artiste. Leur rôle consistait à l'aider à l'assumer. Une pression sociale gigantesque empêche les enfants d'envisager une carrière artistique. L'école ne favorise pas l'expression personnelle. Séléna avait besoin d'un électrochoc. Ils décidèrent alors de passer à la vitesse supérieure.

1 **un couple** Ehepaar | 2 **attacher de l'importance à qc** faire attention à qc, trouver qc important | 5 **un regard appuyé** un regard insistant, expressif | 6 **un sous-entendu** Andeutung | 6 **guetter** attendre avec envie | 6 **un progrès** Fortschritt | 7 **une naissance** → naître | 7 **une œuvre** Werk | 9 **un tas** Haufen | 9 **la glaise** *ici* : l'argile *f* (Ton) | 9 **peindre** malen | 11 **la pâte à modeler** Knete | 11 **indifférer qn** ≠ intéresser qn | 14 **déçu** enttaüscht | 16 **assumer qc** accepter qc | 16 **la pression** Druck | 17 **envisager qc** réfléchir à qc | 18 **favoriser** aider | 19 **passer à la vitesse supérieure** ein schnelleres Tempo vorlegen

## chapitre 16

Dimanche matin, Séléna se leva très tôt. Elle se rendit dans la salle de bains. Son visage lui apparut terne, plus maigre que d'habitude. Le nouveau régime ne lui réussissait pas. Elle descendit pour prendre le petit déjeuner (du riz et une pomme, agrémentés d'un morceau de chocolat donné par Vérane). La première chose qu'elle vit fut une bouteille de whisky vide posée sur la table de la cuisine. Impossible de la manquer. Elle ouvrit le frigo et trouva quatre bouteilles de vin blanc. La poubelle débordait de canettes de bière vides. Le spectacle continuait, pensa-t-elle.

Ses parents étaient les deux personnes les plus raisonnables qu'elle connaissait. Sa mère avait fait ajouter une double ceinture de sécurité à tous les sièges de la voiture et son père jetait tous les aliments qui approchaient de la date de péremption (parfois il jetait des choses tout juste sorties des sacs de courses). Une dépendance au jeu ou la participation à une secte, ce n'était pas imaginable. Ce n'était pas dans leur caractère. Manifestement, ils voulaient maintenant qu'elle croie qu'ils buvaient. Ses parents alcooliques ? C'était de la science-fiction. Elle prit des photos et nota ces trouvailles dans son carnet de notes.

Elle se sentit prise d'une immense fatigue. Le comportement de ses parents l'amusait moins ; elle se demandait où ça s'arrêterait. S'ils allaient aller plus loin encore, et finir par vraiment devenir fous. Elle se mit au piano et, de toutes ses forces, frappa les touches de ses doigts. Ça ressemblait à un concert d'une pianiste passionnée et démente. C'était atroce. Inécoutable. Elle "joua" une bonne demi-heure ainsi. Se défouler lui fit le plus grand bien. Et puis elle espérait bien déranger ses parents et abréger leur sacro-sainte grasse matinée du dimanche. Elle leur rendait la monnaie de leur pièce.

---

2 **se rendre** aller | 3 **terne** sans éclat | 3 **maigre** ≠ gros | 5 **agrémenté de** avec | 9 **déborder** être plein | 9 **une canette** Dose | 12 **une ceinture de sécurité** Sicherheitsgurt | 13 **jeter** werfen | 14 **approcher** être proche, près de | 14 **la date de péremption** Verfallsdatum | 16 **une dépendance** *ici :* Sucht | 16 **une participation** Beteiligung | 20 **une trouvaille** → trouver, une découverte | 26 **dément** fou | 26 **atroce** horrible | 27 **se défouler** sich austoben, sich abreagieren | 28 **abréger qc** rendre qc plus court | 28 **sacro-saint** heilig | 29 **une grasse matinée** quand on dort longtemps | 29 **rendre à qn la monnaie de sa pièce** sich rächen

Ses parents finirent par sortir de leur chambre. Ils étaient en pyjamas, les cheveux en bataille, encore ensommeillés, l'air déboussolés. Quand Séléna cessa son « concert », contre toute attente, et pour sa plus grande exaspération, ses parents l'applaudirent. C'était déprimant.

Elle monta dans sa chambre, s'habilla, mit la caméra dans sa poche et sortit. Elle ne comptait pas filmer quoi que ce soit : elle se rendit dans une boutique de matériel électronique d'occasion. Le vendeur (un jeune homme aux cheveux mal coupés et en t-shirt *The Bride of Frankenstein* qui lui sourit un peu trop longtemps) lui en donna une somme qui lui permettrait de tenir un petit moment. Comme elle avait le cafard, elle décida de s'acheter de nouveaux vêtements. C'était comme s'offrir des fleurs : les vêtements, par leurs couleurs et leurs matières la réconfortaient, ils repoussaient la grisaille de la vie.

La friperie était ouverte le dimanche. Des personnes âgées et des familles pauvres fréquentaient le magasin. Comme elle ne se sentait pas à sa place dans cette époque (ni dans cette école, ni dans cette famille), Séléna pensait que s'habiller avec des vêtements de modes passées lui feraient du bien. Et puis, elle aimait y flâner. Elle aimait les endroits où elle ne risquait pas de rencontrer d'autres élèves.

Elle acheta un pull vert à col en V, un peu râpé mais à la jolie coupe. Elle prit aussi une veste en tweed. Les vêtements sentaient la poussière et le moisi, mais ils avaient quelque chose de rassurant.

Son téléphone fit bip-bip. Texto de Vérane. Elle lui disait de réserver sa soirée.

---

2 **en bataille** dans tous les sens | 2 **ensommeillé** ≠ réveillé | 3 **déboussolé** *fam* perdu | 3 **contre toute attente** quand on ne s'attend pas à qc | 4 **l'exaspération** *f* l'état dans lequel on est quand on est énervé | 7 **compter faire qc** vouloir faire qc | 8 **d'occasion** ≠ neuf | 11 **une somme** un prix | 11 **tenir** *ici :* vivre | 12 **avoir le cafard** *fam* être déprimé | 14 **la matière** *ici :* Stoff | 16 **une friperie** un magasin où on achète des vêtements d'occasion | 17 **fréquenter un endroit** y venir régulièrement | 20 **flâner** se promener en prenant son temps | 23 **un col** Kragen | 23 **râpé** vieux | 24 **une coupe** Haarschnitt | 25 **une poussière** la saleté (Staub) | 25 **le moisi** Schimmel

## chapitre 17

Séléna retrouva son amie à la porte d'une petite salle de concerts de rock. Il y avait des affiches de groupes inconnus collées sur les murs, *Woodstock* inscrit en néon rouge au dessus de l'entrée. Vérane tendit un billet d'entrée à Séléna. Elles allaient voir *Psychopanda*. Séléna ne connaissait pas. C'était un groupe amateur, qui n'avait pas encore sorti de disque, lui expliqua Vérane. Et surtout : le principal y jouait de la guitare. Ça promettait d'être mémorable. Vérane avait fait son enquête. Elle avait remarqué un badge au revers de la veste de monsieur Blimp. Elle l'avait discrètement photographié lors d'une cession du club cerf-volant et, après quelques recherches sur Internet, elle avait trouvé son origine. C'était le logo d'un groupe de rock local. Sur le site Internet du groupe, elle n'avait eu aucun mal à reconnaître le principal le visage caché par de grosses lunettes de soleil.

Le public qui attendait devant la porte avait entre trente et quarante ans. Apparemment Séléna et Vérane étaient les seules du collège à être au courant. Les hommes et les femmes dans la file d'attente avaient un look rock mais plutôt sage. L'ambiance était bon enfant.

On tapait du pied et on se frottait les mains pour se réchauffer. Certains fumaient. Un vendeur ambulant proposait des boissons chaudes. Vérane et Séléna prirent un thé.

Séléna raconta les derniers développements de la folie de ses parents. Vérane éclata de rire, et en signe de soutien, elle serra le bras de son amie. Les portes de la salle s'ouvrirent, la file commença à avancer.

4 **Woodstock** *un festival de rock organisé aux États-Unis en 1969* | 4 **inscrit** écrit | 8 **promettre** annoncer, faire espérer | 8 **mémorable** dont on se souvient pendant longtemps | 9 **faire son enquête** s'informer | 13 **n'avoir aucun mal à faire qc** ne pas avoir de problèmes à faire qc | 18 **être au courant de qc** savoir qc | 18 **une file d'attente** Warteschlange | 19 **sage** ≠ fou | 19 **être bon enfant** tranquille, sympa | 21 **taper du pied** mit dem Fuß auf den Boden stampfen | 21 **se frotter les mains** sich die Hände reiben | 22 **ambulant** de rue | 25 **en signe de** comme | 25 **un soutien** une aide | 27 **avancer** *ici :* marcher vers l'avant

La salle semblait peinte en noir mais peut-être était-ce dû à la crasse et à la fumée de cigarette quand il était encore permis de fumer. On aurait dit que des toiles d'araignées reliaient les projecteurs. Le ménage n'était pas la préoccupation première des propriétaires, mais ça participait à l'atmosphère. Des sièges en velours bleu étaient installés dans le fond, en hauteur, on y accédait par un petit escalier. Une femme de la sécurité aida Vérane à se caler dans un siège, et Séléna rangea le fauteuil roulant sur le côté. Elles avaient vue sur la scène, mais le groupe ne les verrait pas.

Il y avait peu de monde. La salle était à moitié vide, néanmoins les gens qui étaient là semblaient heureux et enthousiastes. Certains portaient un t-shirt *Psychopanda* représentant un gigantesque panda qui mangeait des êtres humains par poignées entières. Les musiciens entrèrent sur scène. Vérane et Séléna mirent quelques instants pour reconnaître le principal. Il ne portait pas son costume habituel, mais un blouson en jean couvert de badges et un bandeau rouge dans les cheveux. Vérane sortit son téléphone pour prendre une photo, mais Séléna mit sa main sur l'appareil. Avec ces photos du principal, elles pourraient devenir très populaires au collège, et faire rire à ses dépens. Mais elles ne voulaient pas devenir populaires. Surtout pas. Elles ne rejoindraient pas le camp des gens cools. Vérane rangea son téléphone.

La chanteuse entra. C'était une fille grande et forte, vêtue de manière classique, un pantalon noir, une chemise à carreaux. Ses yeux très maquillés donnèrent envie à Séléna d'assumer elle aussi sa part d'excentricité au grand jour. Elle commença à chanter. Sa voix velouté fit frémir les deux amies.

---

2 **la crasse** quand c'est très sale | 2 **être permis de faire qc** avoir le droit de faire qc | 3 **une toile d'araignée** Spinnenwebe | 3 **relier qc à qc** mettre qc en communication avec qc | 4 **le ménage** Hausarbeit | 4 **une préoccupation** une pensée qui occupe tout l'esprit | 6 **accéder à qc** arriver à qc | 7 **la sécurité** Sicherheit | 7 **se caler** *ici :* s'installer confortablement | 13 **une poignée** Handvoll | 16 **un blouson** une veste | 17 **un bandeau** Haarband | 19 **devenir populaire** avoir du succès | 20 **à ses dépens** auf jds Kosten | 21 **rejoindre** *ici :* aller retrouver | 24 **à carreaux** kariert | 25 **maquillé** geschminkt | 27 **velouté** *ici :* weich, sanft | 27 **frémir** zittern

Le concert dura deux bonnes heures. Et ce fut extra. C'était du rock dépressif et doux, on sentait qu'ils étaient influencés par Nirvana. Vérane et Séléna n'avaient pas les compétences pour juger d'un jeu de guitare, mais il leur sembla que le principal se débrouillait bien. Il ne se mettait pas en avant, il n'en rajoutait pas. Le public applaudit longtemps. Les filles s'éclipsèrent les premières. Elles ne voulaient pas être vues par monsieur Blimp.

Elles allèrent manger au Mc Do qui faisait face à la salle de concert. Elles s'installèrent avec leurs hamburgers près de la fenêtre. Le restaurant était calme, la lumière douce, des parents offraient un festin à leurs enfants, des amis et un couple discutaient.

– OK, tes parents sont marteaux, dit Vérane en plantant sa paille dans son Coca, mais tu as de la chance quand même.

– De la chance ? dit Séléna. Il n'y a plus de chauffage, on ne mange que du riz et des pommes de terre...

– Je sais. Mais si moi j'avais voulu être artiste, mes parents s'y seraient opposés. Ils m'auraient dit de terminer mes études. Genre dix ans après le bac.

– Tu voudrais être une artiste !

– Je ne sais pas. Ma passion c'est l'astrophysique, et je ne veux pas y renoncer. Mais j'écris aussi.

– Je ne savais pas.

– Des poèmes. Mes influences sont Bashô et Emily Dickinson.

C'est Séléna qui lui avait fait découvrir cette auteure avec ce poème qui commence par : *This is my letter to the world that never wrote to me*. De son côté, Vérane connaissait tout à la poésie asiatique.

---

2 **être influencé par qn** avoir qn pour modèle | 3 **Nirvana** *un groupe de rock grunge américain créé en 1987* | 4 **juger** beurteilen | 4 **se débrouiller bien** *ici :* bien jouer de la guitare | 5 **ne pas en rajouter** ne pas en faire trop | 6 **s'éclipser** disparaître, partir | 11 **un festin** un repas de fête | 12 **être marteau** être fou | 12 **planter qc** mettre dans qc | 12 **une paille** Strohhalm | 21 **renoncer à faire qc** abandonner l'idée de faire qc | 23 **Bashô** *(1644-1694) un poète japonais* | 23 **Emily Dickinson** *(1830-1886) une poète américaine*

– Tu pourrais concilier tes deux passions, comme Isaac Asimov. Il écrivait de la science-fiction et il était prof de physique.

– Mes parents piqueraient une crise.

– Rien ne t'oblige à le dire.

Elles parlèrent de tout et de rien, de poésie, du collège, de musique, de nouvelles recettes de hamburgers.

1 **concilier** rendre deux choses compatibles (vereinbaren) | 1 **Isaac Asimov** *(1919 - 1992) un biochimiste américano-russe, auteur de romans de science-fiction* | 3 **piquer une crise** *fam* faire une crise | 4 **obliger qn à faire qn** jdn zwingen, etw zu tun

## chapitre 18

La nuit a quelque chose de protecteur, se dit Séléna, tandis qu'elle rentrait. Tout était sombre, seuls les lampadaires éclairaient faiblement la rue. De rares voitures passaient. Personne ne se promenait, il faisait trop froid. Séléna, elle, portait plusieurs pulls superposés les uns sur les autres, et depuis que ses parents avaient coupé le chauffage, Séléna avait développé une meilleure résistance à la faiblesse des températures. Des flocons commencèrent à tomber, de gros flocons qui planaient et tournaient sur eux-mêmes. Séléna s'arrêta pour les admirer. Elle leva sa main, et un flocon se posa sur sa paume. Il ressemblait à une petite boule de coton, bougeant, roulant dans le creux de la main. Séléna referma ses doigts dessus et les rouvrit : il avait disparu.

La question de son avenir la taraudait plus qu'elle ne l'aurait désiré. Le délire de ses parents remuait des choses profondes en elle. Au collège, les profs, en début d'année, leur demandaient ce qu'ils désiraient faire plus tard. À chaque fois, elle laissait la ligne vierge. Elle était à une époque de sa vie où elle ne décidait pas de grand chose mais où la possibilité du choix se dessinait doucement. Elle rêvait du jour où elle pourrait habiter seule. Mais elle avait aussi peur de grandir, car cela voudrait dire être maîtresse de son destin, et c'était une responsabilité immense dont parfois elle aimerait être déchargée. Pourtant être adulte, c'est ce qu'elle voulait profondément. En tous cas, elle ne vivrait pas une vie qui ne serait pas la sienne, elle ne passerait pas à côté des choses qui comptent pour elle. Restait à savoir exactement ce qu'elles étaient, ces choses. Elle allait travailler à le savoir. Il lui semblait grandir par le fait même de se poser des questions sur ce qu'était grandir. Son

---

3 **sombre** noir ≠ clair | 3 **un lampadaire** Straßenlaterne | 3 **éclairer** faire de la lumière (→ clair) | 4 **rare** selten | 6 **superposé** mis | 7 **une résistance** Widerstand | 8 **la faiblesse des températures** quand les températures sont basses | 8 **un flocon** Schneeflocke | 11 **la paume** l'intérieur de la main | 11 **une boule** Kugel | 11 **le coton** Baumwolle | 12 **le creux de la main** la paume | 14 **tarauder** *litt* quälen | 15 **remuer** réveiller des sentiments | 18 **vierge** *ici :* blanc, vide | 21 **être maître de son destin** über sein Schicksal bestimmen | 22 **une responsabilité** Verantwortung | 22 **immense** très grand | 23 **être déchargé d'une responsabilité** ne pas avoir de responsabilité | 26 **compter** être important

esprit ne trouvait aucun endroit confortable où se reposer. Mais ça lui allait. Ça lui permettait de réfléchir. Les choses (le temps, les relations avec les autres, la vie) mettent des années à s'apprivoiser. Elle n'avait pas de réponses, mais, même si c'était un peu effrayant, ce n'était pas grave. Les réponses sont un frein à la croissance et à la connaissance.

Séléna accéléra le pas. Elle n'avait pas donné d'heure de retour à ses parents. Ils ne lui en avaient pas demandé. Ils n'avaient même pas appelé, alors qu'il était près de minuit. Ils ne s'inquiétaient pas pour elle. C'était presque vexant. Séléna savait que c'était le signe qu'ils n'allaient pas bien. Ils vivaient une crise. Mais elle n'avait pas en à subir les conséquences.

3 **s'apprivoiser** devenir familier, normal | 4 **être effrayant** faire peur | 5 **être un frein à qc** etw bremsen | 5 **la croissance** quand on grandit | 6 **la connaissance** → connaitre | 7 **accélérer le pas** marcher plus vite | 10 **vexant** beleidigend | 12 **subir les conséquences** für etw büßen

## chapitre 19

Ses parents dormaient quand Séléna rentra, épuisés par leurs stratégies, par le soin qu'ils mettaient à mettre en désordre l'appartement et à vider des bouteilles d'alcool dans l'évier. Sans doute aussi voulaient-ils jouer aux parents insouciants et irresponsables qui ne se préoccupent pas de l'heure à laquelle rentre leur fille.

Il y avait deux bouteilles de vin rouge vides sur la table de la cuisine et des verres à moitié pleins. L'évier débordait de vaisselle sale. Le frigo était vide et sentait le vieil œuf. Séléna passa dans le salon. Une bouteille de whisky entamée était posée sur la table basse face au canapé. Elle s'assit. Le fauteuil sentait la bière. Elle avait l'impression d'être dans un squat.

Que ses parents aient une certaine ambition pour son avenir, pourquoi pas. Qu'ils jouent la comédie pour tenter de l'influencer, pourquoi pas. Mais ils avaient dépassé les limites. Séléna n'aimait pas ce que devenait sa famille. Leurs discussions et leurs rapports doux et joyeux lui manquaient. Manifestement, à l'adolescence de leurs enfants, les parents ont tendance à avoir un comportement excessif. Séléna songea aux parents de Vérane qui ne cessaient de lui parler de ses études et du chômage comme s'ils tentaient de remplir l'esprit de leur fille de peurs et d'angoisses. Au moins cette crise des parents a-t-elle une fonction : permettre aux enfants de gagner en indépendance.

Elle avait besoin de conseils. Mais vers qui se tourner ?

---

5 **insouciant** unbekümmert | 6 **irresponsable** → la responsabilité | 6 **se préoccuper de qc** sich um etw sorgen | 9 **un évier** Spüle | 9 **la vaisselle** Geschirr | 11 **entamé** commencé | 13 **un squat** quand des personnes sans domicile habitent dans un immeuble ou une maison vide | 16 **dépasser les limites** aller trop loin | 19 **avoir tendance à faire qc** dazu neigen, etw zu tun

## chapitre 20

Son père ne s'était pas rasé depuis longtemps et ses cheveux étaient en désordre et gras. Sa mère se promenait en chemise de nuit, la peau bleutée à cause du froid. Elle éternua. Séléna remarqua qu'ils avaient de la crasse sur le visage, et qu'ils sentaient mauvais. Ils risquaient d'avoir des problèmes à leur travail. On leur ferait des remarques, on se moquerait d'eux. Ils pouvaient être licenciés.

Ils s'installèrent pour le petit déjeuner. Son père posa les bols sur la table, sa mère sorti des croutons de pains secs d'un sac en coton. Ils ne dirent pas un mot. Ils avaient l'air de mauvaise humeur. Séléna leur parla du concert, mais ils ne réagirent pas, ils ne lui posèrent aucune question. Son père ouvrit une canette de bière et la versa dans son bol, à la place du thé qu'il prenait habituellement. Il cassa un morceau de pain et le trempa dedans. Séléna quitta la table quand il porta le pain imbibé de bière à sa bouche.

Elle marcha dans le quartier, le regard vers le sol. Elle se sentait perdue, comme assommée par la mélancolie. Rien n'avait plus de saveur. Elle voulait s'enfuir, mais il lui semblait que la prison était dans l'air lui-même. Elle releva la tête, respira profondément et se força à sourire pour se donner du courage.

Une fois arrivé au collège, elle n'alla pas dans la cour de récréation. Elle se rendit directement dans les locaux de l'administration. C'était un gros cube blanc, sali par les intempéries et la pollution, auquel on accédait par un escalier en fer. Elle s'assit au milieu de l'escalier qui menait au bureau du principal. Elle tira sa capuche sur sa tête et serra ses bras contre son corps pour se réchauffer. Les élèves formaient une masse colorée dans la cour. Certains individus se détachaient. Vérane discutait avec une fille de la classe.

---

3 **gras** fettig | 3 **une chemise de nuit** Nachthemd | 4 **éternuer** niesen | 8 **un bol** Schale | 9 **un crouton** du pain dur | 10 **l'humeur** *f* Laune | 13 **verser** faire couler dans qc | 13 **habituellement** normalement | 14 **tremper** *ici* : tunken | 15 **imbibé de qc** plein de qc | 17 **assommé** *ici* : niedergeschlagen | 18 **la saveur** le goût | 22 **un local** une pièce | 22 **l'administration** *f* Verwaltung | 23 **une intempérie** le mauvais temps | 23 **la pollution** Umweltverschmutzung | 24 **accéder à qc** arriver à qc | 25 **mener** conduire | 25 **une capuche** Kapuze | 28 **se détacher sich** von etw abheben

Elle semblait heureuse. Séléna sentit un pincement au cœur. Elle remarqua un garçon solitaire qu'elle n'avait jamais vu avant. Elle pensa à tous les gens qu'elle croisait, à tous les gens à qui elle ne prêtait pas attention, vers qui elle n'allait pas. Et elle le regrettait. Elle avait envie d'agir davantage : chercher les êtres et les choses qui compteraient dans sa vie.

Deux jambes apparurent devant ses yeux. Le principal se tenait devant elle, semblable à lui-même, visage calme, sourire étrange aux lèvres. Elle se demanda ce qu'avait été sa vie. Il avait l'air pas tout à fait là certes, mais ça le protégeait des autres. Il s'assit sur la marche à côté d'elle. À cet instant, elle ne voyait pas en lui le principal, mais le président du club cerf-volants. Un allié.

Elle lui parla, de ses parents, de leur crise, de la violence psychologique qu'ils lui faisaient subir en espérant qu'elle devienne artiste. Pendant dix minutes, elle raconta tout, dans les moindres détails. La certitude de ses parents, leur harcèlement de cadeaux, leurs mensonges et leurs mises en scènes. Elle demanda ce qui en elle pouvait laisser penser qu'elle était une artiste. Est-ce qu'ils avaient raison ? Leur intuition était-elle juste ou bien projetaient-ils leurs propres désirs ? Et puis, ne comprenaient-ils pas que ça risquait de tout gâcher ? Qu'elle avait le droit de découvrir par elle-même ce qu'elle était ?

Le principal ne dit rien. À plusieurs reprises, il serra ses lèvres l'une contre l'autre, remplit ses joues d'air comme un hamster. À sa manière d'être là, de l'écouter, Séléna su qu'il comprenait. Et ça la soulageait. Il lui sourit franchement, se leva, monta les quelques marches jusqu'à la porte et rentra dans son bureau. Autour de Séléna, c'était sans doute la personne qui correspondait le plus à l'image d'un véritable artiste. Elle le trouvait davantage artiste dans sa manière d'être principal que d'être guitariste. Ça n'avait

1 **sentir des pincements au cœur** *fig* être triste | 3 **croiser** voir, rencontrer qn | 4 **prêter attention** faire attention | 4 **regretter** bedauern | 7 **se tenir** *ici :* se trouver | 9 **pas tout à fait** nicht ganz | 15 **le moindre** le plus petit | 16 **la certitude** ce qui est sûr | 16 **un harcèlement** Belästigung | 17 **une mise en scène** Inszenierung | 23 **à plusieurs reprises** plusieurs fois | 26 **soulager qn de qc** libérer qn d'une douleur, d'un poids | 26 **franchement** vraiment | 28 **correspondre** entsprechen | 29 **véritable** vrai

rien à voir avec l'art, avec la maîtrise d'un instrument de musique, mais avec sa manière d'être au monde et d'agir.

La sonnerie retentit. Séléna ne bougea pas. Elle regarda les collégiens se mettre en rang et rentrer dans le gros bâtiment gris. Elle trouva qu'ils ressemblaient à des myriades d'étoiles dans une lointaine galaxie. Elle se sentait tellement loin d'eux. Mais, étrangement, ça la réconforta.

Séléna ne savait pas exactement qui elle était, ni ce qu'elle allait devenir. Mais elle savait avec certitude que le seul travail qu'elle voulait faire, c'était être elle-même. Ce serait ça son métier. Et ce serait un chemin personnel.

Pour le moment, elle désirait être un fantôme pour se débarrasser de l'image qu'on avait d'elle. Elle ne savait pas comment elle voulait qu'on la voie. Ce qui était certain, c'est qu'elle ne voulait pas qu'on la voit d'une manière qui l'enfermerait dans un rôle ou une personnalité. Elle voulait qu'on lui laisse la liberté d'évoluer et de changer. Elle pensa à tous les gens qu'elle connaissait, et elle constata que trop tôt on les enfermait dans une image, tel sera timide et matheux, tel sera sportif et drôle. Et les gens obéissent à l'image que l'on a d'eux-mêmes. Ils y collaborent. Parce que c'est plus simple. Parce qu'ainsi on a une place.

Séléna savait que son parcours serait compliqué, mais en dépit de la mélancolie du temps présent, elle s'en réjouissait. De la difficulté naissent de belles choses.

1 **la maitrise** le contrôle | 5 **une myriade de qc** une très grande quantité de qc | 6 **tellement** si | 12 **se débarrasser** *ici :* se libérer | 15 **enfermer** *ici :* limiter | 19 **timide** schüchtern | 19 **matheux** *fam* une personne forte en maths | 20 **collaborer** zu etw beitragen | 22 **un parcours** un chemin | 22 **en dépit de** trotz | 23 **se réjouir** être content

## chapitre 21

D'ici quelques années, quand ses parents regarderont les photos, quand ils liront le récit des événements, ils verront à quel point ils ont été à côté de la plaque.

Il faut être patient avec les parents. Ils ont peur de ne pas être parfaits. Ils subissent une pression sociale très forte pour faire de leur enfant l'être le plus doué et le plus charmant qui soit. Ils tentent de ne pas commettre les erreurs de leurs propres parents, et pour cette raison, en font d'autres. Dans ces conditions, ils ne peuvent que mal se débrouiller. Séléna pensa à eux avec tendresse. Mais elle ne voulait plus subir leurs bizarreries.

En rentrant du collège, elle monta dans sa chambre. Il fallait qu'elle parte. Elle pensa à sa tante Clara qui habitait en Bretagne. C'était une femme excentrique et psychologue, la sœur de son père. Elle habitait seule depuis la mort de son mari. On disait dans la famille qu'elle était folle, mais Séléna avait toujours trouvé que sa « folie » et ses idées bizarres avaient du sens. Alors certes elle collectionnait les armes et elle ne s'entendait avec personne, mais elle était bienveillante et accueillante. Ce qu'on appelait sa paranoïa n'était pour Séléna qu'une manière de se protéger de la violence des autres. Elle était féministe aussi, et ça faisait du bien de parler avec elle. Sa maison comportait plusieurs bibliothèques, une cheminée où l'on s'amusait à jeter des boulettes de papier. Et il y avait des chats et des chiens, un potager (avec toutes sortes de courges aux formes bizarres).

Séléna entassa sur la table tous les cadeaux artistiques que ses parents lui avaient offerts : la glaise, les cahiers de solfège, la boîte d'aquarelle, les livres, les dictionnaires. Ça faisait une belle petite montagne. Elle prit une photo.

4 **être à côté de la plaque** ne pas avoir raison | 5 **patient** geduldig | 6 **subir une pression** unter Druck stehen | 8 **commettre une erreur** faire une faute | 10 **se débrouiller** zurecht kommen | 10 **la tendresse** un sentiment de douceur, d'amour qu'on a pour qn | 11 **subir** leiden | 18 **une arme** Waffen | 18 **s'entendre avec qn** comprendre qn | 19 **bienveillant** bon, gentil, généreux | 19 **accueillant** aimable, sympa, gentil | 22 **comporter** avoir | 23 **une cheminée** Kamin | 23 **une boulette de papier** Papierkugel | 24 **un potager** une partie du jardin où l'on plante des légumes et des fruits | 25 **une courge** Kürbis | 26 **entasser** anhäufen

Elle sortit une feuille de papier et commença à rédiger une lettre.

*Papa, Maman,*

*Je suis allée passer quelques jours chez tante Clara. J'ai besoin de me reposer. Je vous aime, vous savez, mais en ce moment vous me fatiguez. Je sais que vous essayez de bien faire, mais vous vous trompez. Je ne sais pas ce que je ferai plus tard. Ce que je sais c'est que ça sera mon choix. Vous ne ferez pas de moi une artiste et vous ne me dégoûterez pas non plus de l'art. Prenez soin de vos désirs et laissez-moi avoir les miens. Quel que soit mon choix je peux juste vous promettre d'y mettre tout mon cœur. C'est la seule chose qui compte.*

*Votre comportement prouve au moins une chose : vous avez de l'imagination. Alors pourquoi ne deviendriez-vous pas artistes vous-mêmes ? Il n'est pas trop tard. Certains grands artistes n'ont commencé leur carrière qu'à un âge avancé.*

*Je vous embrasse fort.*

*Séléna*

Elle ne voulait pas croiser ses parents. Elle se dépêcha de faire son sac (des vêtements, dont ceux achetés dans la friperie, des livres, un carnet de notes, sa brosse à cheveux, sa brosse à dents, son appareil photo). Elle laissa la lettre bien en évidence sur la table.

Elle sortit. Le froid se plaqua sur son visage, piqua ses yeux et fit naître des larmes. Elle sortit un mouchoir et essuya ses yeux. Elle mit sa capuche, baissa son bonnet sur son front et elle prit la direction de la gare. Il y avait du vent, il devait faire moins de zéro degré, mais elle était heureuse d'avancer.

---

4 **se reposer** se relaxer, faire une pause | 6 **se tromper** ne pas avoir raison | 12 **prouver** beweisen | 15 **avancé** ≠ jeune | 20 **une brosse à cheveux** Haarbürste | 20 **une brosse à dents** Zahnbürste | 21 **en évidence** qu'on peut voir tout de suite | 22 **se plaquer** se coller | 22 **piquer les yeux** in den Augen brennen | 23 **un mouchoir** Taschentuch | 23 **s'essuyer les yeux** sich die Augen abtrocknen, abwischen

Merci à Coline pour le titre. Merci aux amis d'avoir été là.

## Activités autour de la lecture

### Avant la lecture

1. Avant de commencer la lecture, réfléchis sur le titre et la couverture du livre. À ton avis, de quoi parle l'histoire ? Note tes idées.

2. Complète le titre avec tes propres visions d'avenir : « Plus tard, je serai moi, je serai … » et explique ton/tes choix : « … parce que… ».

### Pendant la lecture

**Chapitre 1**

1. Commence le portrait de Séléna et complète-le pendant ta lecture.

2. Décris le style de Séléna.

**Chapitre 2**

1. Commence les portraits de Vérane et de M. Blimp et complète-les pendant ta lecture.

2. Vérane est en fauteuil roulant. A-t-elle des problèmes avec sa situation ? Explique ta réponse avec une citation du texte.

3. Décris la relation d'amitié entre Séléna et Vérane.

**Chapitre 3**

1. Fais un plan du « lieu d'habitation » de Séléna. Indique sur le plan quelle fonction la pièce avait avant et quelle fonction elle a maintenant.

2. Quel est le problème à vivre dans cet endroit ? Quelle solution a trouvé le père de Séléna ? Est-ce que Séléna aime vivre dans cet endroit ?

3. Commence le portrait des parents de Séléna et complète-le pendant ta lecture.

**Chapitre 4**

1. Fais un filet à mots autour du thème : « être artiste ».

2. Vrai ou faux, si c'est faux, corrige :

| | Vrai | Faux |
|---|---|---|
| a) Les parents de Séléna veulent qu'elle devienne artiste. ___ | | |
| b) Ses parents aiment l'art depuis toujours. ___ | | |
| c) Ses parents emmènent leur fille régulièrement au musée. ___ | | |
| d) Le matin, au petit déjeuner, ses parents écoutent la radio. ___ | | |
| e) Séléna aime le fait que ses parents s'intéressent à l'art. ___ | | |

**Chapitre 5**

1. Pour quelles raisons les deux amies sont-elles stressées ?

2. Quel est l'avis de Vérane sur l'idée des parents de Séléna ?

3. Comparez le comportement des parents de Vérane à celui des parents de Séléna. Quelles sont les différences ?

4. Que veulent faire les deux amies comme métier plus tard ?

5. Que pense Séléna de la proposition de ses parents de devenir artiste ?

**Chapitre 6**

Quels cadeaux les parents de Séléna offrent-ils à leur fille ? Quelle est la réaction de Séléna ?

| Cadeaux offerts par les parents de Séléna | Réaction de Séléna |
|---|---|
| | |

**Chapitre 7**

1. Quel comportement souhaite Séléna de la part de ses parents ?

2. Selon Vérane, pour quelles raisons les parents de Séléna se comportent-ils ainsi avec leur fille ?

**Chapitre 8**

1. Quels métiers Séléna propose-t-elle à ses parents ? Comment réagissent-ils ?

| Métiers proposés par Séléna | Réaction de ses parents |
|---|---|
| | |

2. Comment se sent Séléna, entoure le ou les bons adjectifs :

incomprise déprimée fatiguée

coupable étrangère en colère

**Chapitre 9**

Quelles décisions les parents de Séléna prennent-ils pour que leur fille devienne une artiste ?

**Chapitre 10**

Coche la ou les bonnes réponses :

a) Lorsque Séléna voit que le frigo est vide, elle…
- ☐ se met en colère.
- ☐ pleure.
- ☐ sourit.

b) Quand elle a froid, elle…
- ☐ part chez Vérane.
- ☐ met des vêtements en plus.
- ☐ reste dans son lit.

c) Devant la folie de ses parents, elle décide…
- ☐ de faire un reportage photo sur la situation.
- ☐ de leur parler.
- ☐ de partir vivre chez Vérane.

d) Quand le piano est livré, elle se sent…
- ☐ mal à l'aise.
- ☐ heureuse.
- ☐ triste.

## Chapitre 11

1. Quelle excuse les parents de Séléna trouvent-ils pour expliquer à leur fille que le frigo est vide et le chauffage coupé ?
2. Comment réagit Séléna ?
3. Que pense-t-elle du comportement de ses parents ?

## Chapitre 12

1. Quels sont les hobbies de Séléna ?
2. Quelles sont les ambitions de Séléna dans la vie ?
3. Selon Séléna, quels sont les points positifs et les points négatifs à être artiste ?

| Points positifs | Points négatifs |
|---|---|
| | |

## Chapitre 13

Vrai ou faux ? Justifie tes réponses avec une citation du texte.

| | Vrai | Faux |
|---|---|---|
| a) Séléna pense que ça va être difficile d'apprendre la musique : ______ ______ | | |
| b) Séléna aime la décoration de l'appartement de Mme Pekar : ______ ______ | | |

| | | |
|---|---|---|
| c) Séléna aime aller à ses cours de piano parce qu'il fait chaud dans l'appartement de Mme Pekar : ______ ______ | | |
| d) Mme Pekar perd patience et décide de ne plus donner de cours de piano à Séléna : ______ ______ | | |
| e) Séléna essaie de voir le côté positif de cette expérience : ______ ______ | | |

**Chapitre 14**

1. Est-ce que la tactique des parents de Séléna fonctionne ?
2. Quelles stratégies Séléna trouve-t-elle pour améliorer ses conditions de vie ?
3. Séléna ne va pas bien parce qu'elle aimerait que ses parents la comprennent. Mets-toi à sa place et écris ses pensées et ses sentiments dans son journal intime.

**Chapitre 15**

1. Pourquoi les deux amies aiment-elles aller au club de cerf-volant ?
2. En quoi cette période difficile pour Séléna influence-t-elle son caractère positivement ?

**Chapitre 16**

1. Quelle est la dernière invention des parents de Séléna pour pousser leur fille à devenir une artiste ?

2. Décris l'état physique et psychologique de Séléna.

3. Que fait Séléna pour énerver ses parents ? Est-ce que ça fonctionne ? Pourquoi ?

4. Que fait Séléna pour gagner de l'argent ? Comment dépense-t-elle cet argent ?

**Chapitre 17**

1. Où vont les deux amies ? Pourquoi ?

2. Que pense Vérane du comportement des parents de Séléna ?

3. Quel secret Séléna apprend-elle sur son amie ?

**Chapitre 18**

1. Quels sont les rêves et les peurs de Séléna ?

2. Pour elle, qu'est-ce que ça veut dire grandir ?

3. Note les questions que Séléna se pose sur son avenir et imagine les réponses.

**Chapitre 19**

1. Que pense Séléna du comportement de ses parents ? Entoure le ou les bons adjectifs :

   irresponsable désespéré fou

   raisonnable excessif démesuré équilibré

2. Qu'est-ce qui manque à Séléna ?

3. Quels conseils donnerais-tu à Séléna pour régler son problème avec ses parents ? Utilise le conditionnel (→ pp. 71-73) : Séléna, à ta place, j'en parlerais à un prof…

**Chapitre 20**

1. Coche la ou les bonnes réponses :

a) Le père de Séléna
- ☐ ne travaille plus.
- ☐ ne se rase plus.
- ☐ ne s'habille plus.

b) La mère de Séléna
- ☐ ne se lave plus.
- ☐ ne parle plus.
- ☐ ne mange plus.

c) Pour le petit déjeuner, le père de Séléna boit
- ☐ du thé.
- ☐ du café.
- ☐ de la bière.

d) Pendant le petit déjeuner, les parents de Séléna
- ☐ parlent du concert avec leur fille.
- ☐ ne disent pas un mot.
- ☐ discutent d'art.

e) Séléna se sent
- ☐ triste.
- ☐ déprimée.
- ☐ en colère.

f) Séléna veut
- ☐ devenir artiste.
- ☐ être elle-même.
- ☐ trouver un métier.

2. Sous forme de monologue intérieur, imagine les pensées et les sentiments de monsieur Blimp pendant que Séléna lui raconte ses problèmes.

**Chapitre 21**

1. Quelles erreurs font les parents de Séléna ?

2. Quels sentiments Séléna ressent-elle pour ses parents ?

3. Quelle décision prend Séléna ?

4. Décris la tante de Séléna.

5. Imagine la réaction des parents de Séléna quand ils trouveront sa lettre.

## Après la lecture

1. Comprends-tu le comportement des parents de Séléna et leur projet que leur fille devienne une artiste ? Discutez à plusieurs en classe.

2. Comment as-tu trouvé ce roman ? Justifie ton avis.

3. Choisis un des deux sujets suivants :

a) Imagine la situation quand Séléna rentre de chez sa tante. Décris les changements dans la famille et dans la vie de Séléna.

b) Écris le reportage photo de Séléna et cherche une photo d'elle pour illustrer cette période difficile qu'elle a vécue avec ses parents.

**Die Lösungen zu den Aktivitäten findest Du Online, siehe Seite 1.**

## Un peu de grammaire

In dem Roman kommen vier grammatikalischen Phänomene vor (das ***gérondif***, das ***conditionnel***, der ***subjonctif*** und ***das passé simple***), die im Unterricht vielleicht noch nicht behandelt worden sind. Hier unten werden sie Dir erklärt.

### A. Das gérondif

Das Französische besitzt eine Verbform, die es im Deutschen nicht gibt: das *gérondif*.
Das *gérondif* wird häufig verwendet, um Handlungen miteinander zu verbinden, die dasselbe Subjekt haben.

**1. Der Gebrauch**
Mit dem *gérondif* kann man Folgendes betonen bzw. ausdrücken:
– die **Gleichzeitigkeit** zweier Handlungen
*Le lendemain soir, **en rentrant** du collège, elle fut surprise de trouver un carton…*
*beim Heimkommen*
*(während / wenn)*

– die **Art und Weise** eines Geschehens
*Elle lui parla, de ses parents, de leur crise, de la violence qu'ils lui faisaient **en espérant** qu'elle devienne artiste.*
*indem sie gehofft haben/hoffen, dass sie eine Künstlerin wird.*
*(dadurch, dass/beim…)*

Achtung! Das *gérondif* kann nur dann verwendet werden, wenn es sich in beiden Satzteilen um **das gleiche Subjekt** handelt:
→ ***Séléna rentra et trouva** un carton.*
→ ***Ils lui faisaient** violence **… parce qu'ils espéraient** qu'elle devienne une artiste.*

## 2. Die Bildung

Man nimmt die erste Person Plural Präsens, ersetzt die Endung *-ons* durch ***-ant*** und setzt die Präposition **en** davor.

**Beispiele:**

| REGARDER | FINIR | ATTENDRE |
|---|---|---|
| nous regard-ons | nous finiss-ons | nous attend-ons |
| **en** regard**ant** | **en** finiss**ant** | **en** attend**ant** |

Es gibt nur drei Ausnahmen:
**ÊTRE** (en étant), **AVOIR** (en ayant) und **SAVOIR** (en sachant)

Achtung! Das *gérondif* ist unveränderlich.

# B. Das conditionnel und die si-Sätze

## 1. Der Gebrauch des conditionnel

Mit dem *conditionnel* kann man

**– einen Wunsch äußern**
*Il **faudrait** que tu deviennes la meilleure élève du collège.*

**– eine Möglichkeit aufzeigen**
*Je **pourrais** venir habiter chez toi.*

**– eine Vermutung aussprechen**
*Ça **serait** gâcher ta vie.*

**– eine höfliche Bitte, eine Frage formulieren**
***Seriez**-vous d'accord pour m'aider ?*

– **einen Ratschlag geben**
*À ta place, je leur* ***ferais*** *une crise tous les soirs pour qu'ils se disputent.*

– **eine irreale Bedingung ausdrücken (si-Sätze)**
***Si*** *au moins tu savais ce que tu voulais faire comme métier, tu* ***aurais*** *quelque chose à leur opposer.*

## 2. Die Bildung des conditionnel

### a) *Conditionnel* der Verben auf *-er* und *-ir*

**Infinitiv + Endung des *imparfaits***

| PARLER | SORTIR |
|---|---|
| je parler**ais**<br>tu parler**ais**<br>il/elle/on parler**ait**<br>nous parler**ions**<br>vous parler**iez**<br>ils/elles parler**aient** | je sortir**ais**<br>tu sortir**ais**<br>il/elle/on sortir**ait**<br>nous sortir**ions**<br>vous sortir**iez**<br>ils/elles sortir**aient** |

### b) *Conditionnel* der Verben auf *-er* mit Besonderheiten

| Präsens + *-r-* + | | Endungen des *imparfait* |
|---|---|---|
| | 1. Pers. Singular | |
| **infinitif** | **présent** | **conditionnel** |
| ach**e**ter | j'ach**è**te | j'ach**è**t**er**ais |
| appe**l**er | j'appe**ll**e | j'appe**ll**e**r**ais |
| rép**é**ter | je rép**è**te | je rép**è**t**er**ais |

### 3. Der irreale Bedigungssatz: si-Satz

– Der **irreale Bedigungssatz** wird verwendet, wenn die Erfüllung der Bedingung fraglich oder unwahrscheinlich bzw. nicht möglich ist.
*Si j'avais beaucoup d'argent ... (mais je n'ai pas beaucoup d'argent.)*

– Im ***si*-satz** steht das **imparfait**. Im **Hauptsatz** steht das ***conditionnel***.
*Si j'avais beaucoup d'argent, j'achèterais un vélo.*

– Die Reihenfolge von Haupt- und Nebensatz kann vertauscht werden.
Achtung! Die Kommastellung ändert sich, je nach Reihenfolge.
*Si j'avais beaucoup d'argent, j'achèterais un vélo.*
*J'achèterais un vélo si j'avais beaucoup d'argent.*

## C. Der subjonctif présent

### 1. Der Gebrauch

Der ***subjonctif*** ist ein Modus und drückt die persönliche Auffassung des Sprechenden, seine Wünsche und Gefühle aus.
Der französische ***subjonctif*** hat keine deutsche Entsprechung.
Im Deutschen wird in den entsprechenden Sätzen immer der Indikativ verwendet.
*Pour une fois que des parents ne veulent pas qu'un de leur enfant* ***devienne*** *docteur ou avocat.*
*Wenn Eltern schon mal nicht wollen, dass ein ihrer Kinder Artz oder Anwalt wird.*

Der ***subjonctif*** steht meist in **Nebensätzen**, die mit ***que*** (dass) eingeleitet werden.

Es gibt eine Reihe von **Ausdrücken**, die den ***subjonctif*** automatisch auslösen:

Der ***subjonctif*** steht nach Ausdrücken
– **des Wollens**
*aimer que : J'aimerais que tu mettes la table.*
*vouloir que : Je voudrais que tu ailles au lit.*
*préférer que : Je préfèrerais que tu manges avant de partir à l'école.*

**– der Gefühle**
*être triste que : Je suis triste que tu partes.*
*être heureux/-euse que : Je suis heureuse que tu viennes*
*être content/-e que : Je suis contente qu'on soit là.*
*avoir peur que : J'ai peur qu'elle s'en aille.*

– **der Notwendigkeit**
*il faut que : Il faut que j'écrive une lettre à mes parents.*
*il est important que : Il est important que je leur dise JTM.*

**nach *pour que***
*J'envoie un SMS à Vérane pour qu'elle vienne.*

## 2. Die Bildung

| *infinitif* | *présent* | *subjonctif présent* |
|---|---|---|
| achet**er** | ils **achèt**ent | **il faut que** j'achèt**e** |
| attend**re** | ils **attend**ent | que tu achèt**es** |
| dorm**ir** | ils **dorm**ent | qu'il/elle/on achèt**e** |
| | | que nous attend**ions** |
| | | que vous attend**iez** |
| | | qu'ils/elles dorm**ent** |
| | **Stamm der 3. Person Plural Präsens** | **+ Endungen des *subjonctif*** |
| | | **sg** / **pl** |
| | | -e / -ions |
| | | -es / -iez |
| | | -e / -ent |

**Besondere Formen des *subjonctif*:**

| | avoir | être | aller | faire |
|---|---|---|---|---|
| que je/j' | aie | sois | aille | fasse |
| que tu | aies | sois | aille | fasses |
| qu'il/elle/on | ait | soit | aille | fasse |
| que nous | **ayons** | **soyons** | **allions** | fassions |
| que vous | **ayez** | **soyez** | **alliez** | fassiez |
| qu'ils/elles | aient | soient | aillent | fassent |

| | pouvoir | savoir | vouloir | prendre |
|---|---|---|---|---|
| que je/j' | puisse | sache | veuille | pre**nn**e |
| que tu | puisses | saches | veuilles | pre**nn**es |
| qu'il/elle/on | puisse | sache | veuille | pre**nn**e |
| que nous | puissions | sachions | **voulions** | pre**n**ions |
| que vous | puissiez | sachiez | **vouliez** | pre**n**iez |
| qu'ils/elles | puissent | sachent | veuillent | prennent |

## D. Der passé simple

### 1. Der Gebrauch

Der ***passé simple*** ist eine Zeit der Vergangenheit und wird in Erzählungen, ausschließlich in der schriftlichen Sprache verwendet. Es entspricht dem ***passé composé*** und seine Anwendung ist literarisch. Man benutzt ihn meistens in der dritten Person Singular und Plural.

Séléna poussa le fauteuil roulant.
*Séléna schob den Rollstuhl.*

Elles se rendirent sur le terrain de sport.
*Sie gingen auf den Sportplatz*

### 2. Die Bildung

*– für regelmäßige Verben:*
Stamm des Infinitivs + Endungen *-ai, -as, -a, -âmes, -âtes, -èrent*

*– Für die Verben auf – (d)re und auf-ir :*
Stamm des Infinitivs + Endungen *-is-is-it-îmes-îtes-irent/*
*-us-us-ut-ûmes-ûtes-urent*

| ***infinitif*** | ***passé simple*** |
|---|---|
| achet | j'achet**ai** |
| | tu achet**as** |
| | il, elle, on achet**a** |
| | nous achet**âmes** |
| | vous achet**âtes** |
| | ils,elles achet**èrent** |

**Besondere Formen des *passé simple*:**

| | avoir | être | faire | pouvoir |
|---|---|---|---|---|
| j'/je | eus | fus | fis | pus |
| il/elle/on | eut | fut | fit | put |
| ils/elles | eurent | furent | firent | purent |

| | savoir | vouloir | prendre |
|---|---|---|---|
| j'/je | sus | voulus | pris |
| il/elle/on | sut | voulut | prit |
| ils/elles | surent | voulurent | prirent |

## La liste des abréviations

| | |
|---|---|
| ≠ | antonyme de |
| → | mot de la même famille |
| ° | h aspiré (pas de liaison : *le/la* devant un substantif, *je* devant un verbe) |
| Abk | Abkürzung |
| etw | etwas |
| *f* | féminin |
| *fam* | familier |
| *fpl* | féminin pluriel |
| jdm | jemandem |
| jdn | jemanden |
| *litt* | littéraire |
| *m* | masculin |
| *mpl* | masculin pluriel |
| qc | quelque chose |
| qn | quelqu'un |
| *subj* | subjonctif |
| *vulg* | vulgaire |